U0458382

民主的细节

（修订版）

刘瑜 著

上海三联书店

目　录

托克维尔的那场旅行(自序)

1

1835 年,法国青年托克维尔在参观了一圈美国之后,写了一本书叫《美国的民主》,其中有一段话是这样的:"我考察美国,并不仅仅是为了满足一种合理的好奇心,我的愿望是找到一些我们自己能够从中受益的启示……我承认,在美国,我看到的不仅仅是美国。在那里,我寻找民主的形象本身,它的倾向、特点、偏见和激情,从而了解它的发展能给我们带来什么样的恐惧或希望。"

近 200 年后,把这段话放在我这本书的开篇,仍然恰如其分。

我 2000 年去美国,2007 年离开,其间在哥大、哈佛两所大学学习过。但是在此期间我从中受益最多的却不是这两所大学,而是第三所大学:美国的政治和社会动态本身。

截然不同的制度、文化、语言背景,使包括我在内的很多中国人很难彻底融入美国社会,但是,这个障碍从某种意义上来说却可能是好事——它有益于我保持观察美国社会时的新鲜感。就像如果一个外星人来到地球，可能会对电视、汽车、电梯、男人打领带却不穿裙子、女人穿裙子却不打领带感到奇异一样，来自中国的我，会对发生在美国政治、社会中的诸多现象感到奇异。

我对美国的电视节目天天在骂总统感到奇异、对美国的前司法部长跑去给萨达姆做辩护律师感到奇异、对一些老百姓自发掏钱买偏贵的咖啡以支持巴西的咖啡农感到奇异、对大学生为了一个万里之外叫做苏丹的国家给本州的政治家建立打分制度感到奇异、对美国人至今还在谴责30多年前的"窃听总统"尼克松感到奇异、对美国首富巴菲特抱怨自己的收入税交得太少了感到奇异……总之，对一切以前在自己的国家没有见过的现象感到奇异。

当年法国青年托克维尔参观美国时也颇感奇异。令他最感奇异的，是美国政治中的平等观念。他写道："在所有美国给我留下深刻印象的新鲜事物中，没有什么比平等给我带来更大的冲击力了。我很快就发现了这个基本事实对整个社会无与伦比的影响力，它给公共舆论带来一定的方向，给法律带来一定的基调，给统治机构传输新的公理，给被统治者带去特殊的习惯……对美国社会了解越深入，我就越意识到平等是所有其他事物滋生的基本事实，也是我所有观察所抵达的核心要点。"

然而，读过《美国的民主》的人都知道，托克维尔写上述这段话时，与其说是抱着赞赏的心情，不如说是哀叹的心情。作为一个外祖父在法国大革命中被砍头、爸爸被囚禁的法国贵族遗少，托克维尔对民主——这种在美洲大陆刚刚生长起来的"奇花异草"——抱有复杂的心情。一方面,他意识到民主的崛起是势不可挡的历史必然趋势,而且他也相信民主可以消除专制制度的一些弊端;另一方面,他又非常忧虑民主可能的危害——他忧虑民主会造成"多数暴政",忧虑民主会使人们偏好"做奴隶的平等"甚于"自由下的不平等",尤其忧虑民主会导致整个社会智识的平庸化,"吸干诗意的源泉"。

这并不只是一个贵族遗少对失去特权而发出的哀鸣。托克维尔只是诸多前仆后继的"质疑民主派"思想家中的一个,无数优秀的思想家——上至古希腊时代的柏拉图、下至20世纪的哈耶克——都表达过类似的想法。更耐人寻味的是,那些亲手搭建起美国民主制度框架的"美国国父们",很多恰恰是质疑民主的"托克维尔主义者"。

罗伯特·达尔,一个美国政治学家,曾出版过一本书叫《美国的宪法有多民主》。该书的主要观点是,与其他西方国家的民主制度相比,美国的宪法并不民主。他列举了美国宪法中不够民主的一些主要因素:总统并非直接选举(通过选举人团制度间接选举);参议院也并非直接选举(1913年才变成直接选举);国会两院制,其中参议院每州两名代表的规则违反了人口比例代表原则;"赢者通吃"的选择规则会导致小党派、非主流声音得不到有效代表;法院的违宪审查权力也有悖于民主精神;选举权只局限于一部分白人男性(后来才蔓延到更大人群);最高法院法官的终身制……达尔对美国宪法这些"民主破绽"的阐述当然有其道理。但问题在于,"不够民主"一定是件坏事吗? 一个社会一定是越民主越好吗?

对美国历史的进一步观察表明，也许美国的开国之父们在设计美国宪法时，主导思想本来就不是"民主最大化"，而仅仅是"制衡最大化"。

1787 年 5 月，当来自 12 个州的 55 个代表来到费城开始为新生的美国制宪时，他们有一个共识：美国不需要一个世袭君主制，因为不受约束的君权是暴政的源泉。但这并不等于说他们的共识是"美国需要一个民主制"。这其中的区别在于，在其中很多人看来，纯粹的民主制也可能是暴政的一种；区别暴政与否的标准不在于人数，而在于"不容分说的强制性"。就是说，虽然制宪者们很清楚美国"不应该是什么样的"，对美国"应该是什么样的"，却众说纷纭。

这其实也不奇怪。这些制宪者是在探索一条在人类历史上从没实践过的道路。古希腊城邦曾经实践过直接民主，中世纪城市共和国曾经实践自治，美国的"前祖国"英国有初步的君主立宪雏形，但在如此大规模的疆土上实行代议民主制和三权分立，通过民众定期选举来产生政府元首和立法机构，却是从未有过的。对比一下当时的欧洲君主专制主义的如日中天，再对比一下当时的中国，乾隆皇帝还在为英国公使不肯行三跪九叩之礼而龙颜大怒，就知道美国的制宪者们当时在进行怎样跨时代的制度探险。

制宪的分歧在大州小州、北方州和南方州之间形成，但最主要的，是在"联邦党人"和"反联邦党人"之间形成。前者的著名代表包括麦迪逊、汉密尔顿、华盛顿等，后者的著名代表包括杰弗逊、乔治·梅森、帕崔克·亨利等。两派对暴政都一样痛恨，但是对"暴政"的来源，却有颇不一样的估计：联邦党人对"多数人暴政"颇有疑虑,倾向于精英治国,所以在制宪时特别处处提防"州权"和民意的直接冲击,着力于通过复杂的制衡机制为"直接民主"设置障碍,并主张建立相对强大的联邦中央政府。正是因此,"联邦党人"都可以被称为"托克维尔主义"者。反联邦党人则认为暴政的主要来源是"联邦政府"和"政治精英",主张一个社会越贴近自治越好,所以处处维护"州权"、人权,极力缩小联邦政府的权力范围。

最后出台的美国宪法可以说是二者之间的折中。对于联邦党人来说,他们成功地把 13 个殖民地拧成了一个美利坚合众国,通过三权分立、间接选举、限制选举权、司法审查等方式,将美国的民主设计成了一个"充分制衡"的政治机器;另一方面,对于反联邦党人来说,在联邦政府和州政府的权力划分问题上,他们成功地将联邦政府的权力压缩到最小,并用"明确表达的权力范畴"(expressed power)这一法定原则(即,除非权力明确划分为联邦政府,否则都属于地方政府),限制了联邦政府"窃取"州权的空间。反联邦党人还在新宪法通过之后的第三年成功加入了"权利法案"(也就是美国宪法的前十个修正案),从而守住了美国宪法的权利底线。

联邦党人的"精英治国"和"充分制衡"精神,以及反联邦党人的"平民自治"和"权利底线"精神至今仍然是美国政治的两大支柱。美国宪法之所以经受 200 多年的考验仍然不过时,就在于"平民自治"精神在为民主制度提供活力,而"精英治国"精神在政治互动的过程中提炼理性;"权利底线"精神为权利的不断扩张提供了基础,而"充分制衡"精神使任何权利的扩张不至于转变成专断的权力。

当 1835 年托克维尔为美国"无处不在的平等精神"而叹为观止

时,奴隶制在美国还没有废除,妇女仍然没有选举权,1830 年印第安人迁徙法案正拉开印第安人"血泪之路"的序幕。今天我们回头看当时的美国,会觉得托克维尔将"平等"视为美国政治最大的特点简直是个笑话。其实在这一点上不必过于苛求托克维尔,平等只是相对而言的,相比当时的欧洲和东方国家,美国的确是一个普通人面前呈现出最多可能性的社会。

更重要的是,令托克维尔惊叹的不完全是已经实现的平等,而是这个制度势不可挡的发展趋势,即它所蕴含的"平等的可能性"。19 世纪 30 年代,美国的政治权利仅仅被"白人男性"享有,但是权利就像是水滴,一旦下渗,就会开始沿着平面蔓延。美国的先驱之处,就在于它是第一个让权力的水滴从皇宫贵族渗向平民百姓的现代国家。第一步是权利的下渗,第二步才谈得上渗透的均匀。托克维尔站在 1835 年的美国,看到那些暂时被"白人男性"垄断的权利将四处蔓延的前景,意识到权利的"细菌"在翻出国王贵族的围墙之后将迅速传染给每一个人,并为此惊叹不已。

的确,在接下来的 200 年里,托克维尔看到的"权利细菌"开始慢慢扩散,直至从法律意义上覆盖整个社会。美国的民主制度史,就是民权不断平等化的历史。这个过程有两个层面,第一个是政治权利的平等化、平民化过程,对此最好的说明莫过于美国的修宪史。200 多年来,虽然国会曾经有过一万多个修宪提议,但只有 25 个修正案通过并生效(除了另外两个相互抵消的法案)。前 10 条是著名的"权利法案",全部内容都是限制政府权力,保证公民基本权利,比如著名的"第一修正案"旨在保护公民的言论、出版、集会、宗教自由，比如颇有争议的"第二修正案"，旨在保护公民的武器拥有权。其他 15 个修正案里，有 5 个直接涉及选举权的扩大：1870 年将选举权扩大到各个种族（第 15 修正案）；1920 年女性选举权（第 19 修正案）；1961 年哥伦比亚特区居民选举权（第 23 修正案）；1964 年禁止以未交税为由剥夺公民选举权（第 24 修正案）；1971 年将选举权从 21 岁降低到 18 岁（第 26 修正案）。另外有 5 个修正案涉及到对政府权力的限制：1798 年限制联邦法院干涉州级事务（第 11 修正案）；1865 年林肯著名的废奴法案（第 13 修正案）；1868 年"适当保护"和"平等保护"条款（影响深远的第 14 修正案）；1992 年限制国会给自己涨工资的权力（第 27 修正案）。剩下的几个修正案则涉及选举制度：1803 年副总统由选举产生（第 12 修正案）；1913 年参议员由间接选举改成直接选举（第 17 修正案）；1933 年涉及国会会期的一项技术改革（第 20 修正案）；1951 年总统任期限制（第 22 修正案）；1967 年总统残疾后的继任问题（第 25 修正案）。就是说，美国宪法 200 多年来经历了极少的改动，而所有经历的改动，除了少数涉及技术改动外，几乎全部都旨在限制政府权力、增进政治权利的扩大或者平等化。在所有的修正案中，只有一条，即 1913 年通过的第 16 修正案涉及政府权力的扩大：赋予联邦国会征收收入税的权力。而这一条，本质上还是旨在扩大平等——正是从这一修正案开始，美国政府开始了收入再分配进程，从此走上了福利国家的道路。

而这正涉及到托克维尔所预见的"平等化"进程的第二个层面：社会经济权利的平等化进程。从 19 世纪末到今天，美国的"福利社会化"历经了三个浪潮：19 世纪末 20 世纪初以西奥多·罗斯福总统为象征的"进步主义时期",主要的政策举措有反垄断法案的大量实践(洛克菲勒的标准石油公司 1911 年被最高法院打碎成 34 家公司,是其中最著名的故事),打击腐败和裙带政治,工会权力的扩大和劳工保护的加强,公共健康法案,环保运动的发端。第二个浪潮是 30 年代著名的富兰克林·罗斯福新政时期,这一时期针对大萧条美国政府展开了一系列福利举措:社会保障体系建立,公平劳动法案确立了最低工资,住房法案开始给穷人提供住房补助,教育贷款法案给穷人提供教育贷款等等。第三个浪潮则是 60 年代约翰逊总统时期的"伟大社会"运动和民权运动,在这个阶段,给穷人和残疾人提供医疗保险的 Medicare 和 Medicaid 项目出台,食品券项目出台以防穷人挨饿,给低收入者提供的税收返还制度建立,提高有色人种受高等教育和就业机会的"平权法案"出台……当然,美国的福利国家色彩比欧洲尤其是北欧国家要淡得多,但 100 多年来政府通过税收政策和福利政策来调节收入分配、促进不同阶层的社会经济地位平等化的趋势,却是清晰可见的。

当然这个过程的每一个进步都不是自动出现的,都经历了无数来自民间的抗争。从 19 世纪初为生存权而拿起武器抗争的西蒙内尔印第安人部落,到 19 世纪后期风起云涌的劳工运动,从 20 世纪 30 年代的社会保障运动到 60 年代的民权运动,从写《汤姆叔叔的小屋》的 Harriet Stowe 到拒绝给白人让座的 Rosa Parks,从 1877 年铁路工人大罢工中被枪杀的普通工人到与麦卡锡主义坚持斗争的美国自由联盟……可以说,美国政治的每一点进步都是艰难斗争的结果,而不是"开国之父"们的恩赐。美国左翼历史学家 Howard Zinn

曾写过一本书叫《美国人民的历史》，就是从人民斗争的角度"倒着"书写了一部美国政治史。

但是另一方面来讲，这种抗争之所以可能并且取得节节胜利，也还是仰赖于制度提供的空间。在这个意义上，可以说自由是平等之母：正是斗争的"自由"使得"平等"的成果变得可能。比如，美国20世纪初反垄断、反腐败的进步主义运动之所以取得成功，很大程度上归功于一批被称为"耙粪者"(muckrakers)的调查类记者。这些记者四处挖政府、大公司、政党的黑幕，其中经典的"耙粪"作品有：Lincoln Steffen 揭露各大城市市政府腐败的"城市之耻"系列，Ida Tarbell 的《标准石油公司的历史》(1902)，Upton Sinclair 的《丛林》(1906)，Davi Philips 的《参议院的背叛》(1906)，Thomas Lawson 的《疯狂金融》(1904)……这些作品和其他历史因素合力，直接导致了标准石油公司分解、参议员从间接选举变成直接选举、食品和药品管理法案出台、有色人种全国促进会成立等等进步性变化。试想如果这些"耙粪"的新闻记者当初没有言论自由，这些制度改良很可能无法实现或者要推迟很久才能实现。也正是在这个意义上，当今中国很多左派和右派之争、生存权和人权之辩，往往是假问题：如果"左派"真的想治理腐败、推进平等、维护民生，就无论如何也绕不开"右派"所倡导的言论、集会、结社、出版自由权问题。自由之不存，平等将附焉？这是美国政治史所揭示的道理。

要想避免革命，就要及时响应改革呼声，这是美国政治史揭示的另一个道理。事实上，观察几个进步浪潮中的美国政府就会发现，它们不仅仅是"被动应战"，迫于民众压力不得已地进行政治改良,而往往也主动出击,为防患阶级或种族矛盾的激化而寻求变革。我们的传统观念总是说"西方国家是资产阶级的管理委员会",所以永远是"站在资本家一边",但是主动寻求打碎洛克菲勒标准石油公司这个"资产阶级象征"的,正是西奥多·罗斯福政府……事实上他在任上起诉了40多家垄断性大公司。"为什么社会主义会在美国失败?"这是社会科学界的一个经典问题。虽然人们给予了种种解释(移民社会、个人主义文化等等),但我更愿意相信另一个说法,就是:社会主义并没有在美国彻底失败,它只是以一种缓慢变革、点滴改良的方式一点一点地发生着,是一场漫长而安静的"革命"。

当然这场"安静的革命"也不是没有争议,当美国的平等化进程发展到一定程度的时候,就开始遭遇反弹。政治权利的平等化已经基本不存在争议,但是社会经济权利的平等限度却颇受争议:到底社会经济权利平等到什么程度,就有可能造成对自由的侵害? 甚至某些人发问:社会经济利益的享有,是不是一种天然的"权利"? 竞选筹款改革就是一个例子(见本书中"民主请客谁买单"),为了限制富人操控选举,促进各个阶层政治影响力上的平等,美国的法律严格限制了个人和集团的竞选捐款数额(比如个人对某一候选人一年捐款最多不超过2000美元),但有些自由派则不干了:我想多捐点钱还不让捐了,这是干涉我的言论自由!1975年就有人将"联邦竞选法案"告上了法庭,称其违反了宪法第一修正案。对反垄断法、最低工资法的争议,也从来就没有终结过——这不仅仅是因为"一小撮资本家"要坚持捍卫自己的丛林法则,也不仅仅因为一些"自由原教旨主义者"为了自己的"信念"而对弱者的痛苦视而不见,而且因为很多严肃的思考者通过考据论证,这些初衷在于保护弱者的法令其实最后往往伤害了弱者(见"比道德制高点更高的"一文)。平等和自由之间冲突的第三个典型例子,是对"平权行动"的辩论(见"谁有特权上大学"):有人认为低分录取黑人是对他们的历史补偿,有利于促进种族平等,而另一些人则认为这构成了对其他种族的逆向歧视,违反了高等教育的自由竞争原则。1978年的巴克诉加州大学案,就是民权运动触及自由底线时遭受的一个反弹。

今天美国政治的很多辩论都是围绕着"自由至上"与"平等至上"之间的拉锯展开的,可以说,精英主义倾向的"联邦党人"和平民主义倾向的"反联邦党人"的幽灵从来没有消散,200多年来一直在明争暗斗。有意思的是,他们对于政府的态度却似乎掉了一个个:精英主义者这越来越主张小政府,而平民主义更倾向于大政府。这大约是因为,政府还可以具有收入再分配功能,这个"20世纪现象",可能是开国之父们当初所始料不及的。

平等派和自由派之间的拉锯造成的妥协可能令双方都不满意,但自由和平等之间的这种张力,却是一个健康的政治制度应有的特征。它是"权利和权利"之间的斗争,而不是"权利和权力"或者"权力和权力"之间的斗争,因而可以说是政治斗争中比较人道的一种。与其说它反映了"邪恶的政客、资本家与善良的人民群众"之间的矛盾,不如说它反映了社会内部、人性内部对不同价值的追求。本质上来说,它体现的是个体主义政治观和集体主义政治观之间的认识论差异,而人的个体性,和人的"阶级"、"种族"、"宗教团体"、"性别"等集体属性,都是政治必须正视的现实。

2

关于民主,一个不解之谜是:为什么它在一些国家能够运行良好,而在另一些国家却"没用"呢?虽然我从不认为民主的功能是发展经济,但是防止腐败、提高公共服务水平、缩小贫富差距却应该是民主的题中之义。但是,根据世界审计团组织的数据,民主的印度和"不民主"的中国腐败程度一样(并列排名世界 57 位);民主的巴西贫富差距大于绝大多数不民主国家;很多民主化进程中的国家甚至无法维持基本的社会稳定,2008 年以来巴基斯坦、肯尼亚、津巴布韦都有因选举引发的骚乱。

现在民主的观察者逐渐形成了一个共识:民主要想运行良好,肯定不仅仅依赖于实现国家领导人的选举。在选举之外,还有很多其他的因素是民主制度良好运行的条件。那么,什么是那些"其他因素"呢?而美国政治,就给了我观察这些"其他的"因素的机会。

地大物博的自然条件肯定是因素之一:地大物博能够大大缓冲人口和资源的矛盾,从而使经济发展不受资源、环境、土地瓶颈的制约,而经济发展一般来说总是缓解社会矛盾的良方。新兴移民国家的历史、文化条件肯定也是因素之一:作为一张白纸,美国没有多少历史债务需要清偿,也没有多少等级尊卑的文化禁锢,相反冒险、创新、实干、个人奋斗从一开始就代表了美国精神。

但是,作为一个政治学者,我更关心的是这些"其他因素"中的政治制度因素,从这个角度去思索民主良性运行的条件。在美国的这七年,给了我观察这些制度因素的机会。如果说美国的民主当年对托克维尔冲击最大的是其"平等因素",它对我冲击最大的,则是其"制衡因素"。在这个复杂的政治机器中,权力每启动一次,就有无数的闸门同时被启动,每一扇闸门都要鉴定这次权力的实施属于良性还是恶性,然后才决定是否"放行"。

三权分立、司法审查、联邦制、媒体监督、非政府组织监督、投票……这些制衡机制,我们早已通过书本耳熟能详,但是从小接受的教育却是把这些词汇揉成一团,扔到"虚伪的资产阶级民主"的箩筐里不予正视。"西方的民主全都是骗人的东西",是我们时不时能听到的论断——对于那些自己不了解的事物极尽嘲讽之能事,确实是中国社会的奇异景观之一。不了解并不可怕,可怕的是拒绝了解,并为这种拒绝而洋洋得意。中国早就改革开放了,现在很多中国人可以全球到处留学、旅行和出差,但不幸的是,很多人并没有克服精神上的闭关自守。"精神上开放"并不是说要去无条件地顶礼膜拜西方社会的政治制度和文化,而是指放下以前所积累的成见,保持一点虚心,一点好奇心,暂且搁置政治上的判断,真正出于知识的兴趣,去从细节上、从实际事务上去观察、去比较不同社会的运转方式。只有当一个人观察那些书本里的词汇如何在现实政治中展开时,才能认识到民主不仅仅是一个抽象的概念,而且是一种脚踏实地的公共生活方式。

在"虚伪的资产阶级民主"里,一个普通的家庭主妇可以告倒一个大型制药公司 Merck,为其丈夫的死获得 2.3 亿美元的巨额补偿;民权组织、法院、主流媒体会联合起来为外国恐怖分子嫌疑人的权利打抱不平;普通民众可以以抗议示威的方式逼迫"有权有势"的政客将自己涨上去的工资给压回去;一个政府公务人员一年不能接受吃请超过 100 美元;一个"厅级干部"可以因为公车私用而丢官职;穷人可以享受政府发放的食品券以及政府提供的廉租房;一个英语都不会讲的海地"民工"可以通过地方工会成功击败有钱有势的哈佛大学;非法移民的受教育权、享受医疗救助权得到法律的保护;医药公司做电视广告必须同时广播药品的副作用;哪怕比尔·盖茨一年最多只能给选举捐款 4.7 万美元,以防止有钱人"购买"选举结果;喜剧明星可以在电视里天天调侃恶搞自己的总统……"虚伪的资产阶级民主"并不是华盛顿市一尊供人朝拜的佛像,而是一把凿子,打造每一个人衣食住行的方方面面。

这不是说民主没有"失灵"的时候。事实上,今天很多欣赏西方民主的人往往忘记"罗马不是一天之内建成的"。美国的军队不是没有开枪射杀过示威游行的群众(1877 年铁路工人大罢工),美国也有过野蛮的"强制拆迁"(1830 年代开始实施的"印第安人迁徙法"),美国煤矿工人也遭受过层出不穷的矿难,美国 19 世纪末也存在普遍的"买官卖官"现象,到 1950 年代初,黑人竟然还必须把公车前面的座位让给白人……可以说,很多今天在中国引起民怨沸腾的现象其实都曾惊人相似地在美国上演过,只不过因为年代久远,人们往往忘记了"白天鹅"也有"丑小鸭"的历史。

美国政治的伟大之处并不在于它的历史多么清白无辜,而在于作为一个"制衡机器",它具有相当的自我纠错能力,从而能够实现点滴改良,而不是陷于暴政的死循环。纵观中国两千年的专制历史,民众也不是没有反抗,事实上中国农民起义史恐怕是世界上最"波澜壮阔"的,但每一次朝代的更替都使中国重新陷入暴政的新一轮循环,原因归根结底就在于,中国历史上的政治从来就没有真正实现"权力制衡"这一制度创新。从这个意义上来说,中国政治匮乏的不是"民主传统"——西方国家的"民主传统"也非常薄弱,希腊民主经过两千年的中断很难说对西方现代民主的兴起有多少实际指导意义,中国政治匮乏的是"制衡传统"——相比之下,由于国王和贵族、教会和国王之间长期的权力争斗,西方国家的制衡传统却很发达。美国"开国之父"们制宪时就发挥了这种"充分制衡意识",所以虽然他们制定的宪法有很多不民主、不平等、不公正之处,但是制衡的政治构造却打好了"自由"这块地基,从而使民主、平等、公正这些砖砖瓦瓦可以不断往上添加。民主成了制衡的一个衍生物,它的众多维度之一。

我的这本书,就是试图用"讲故事"的方式描述这个"制衡机器"的运转。"讲故事"的意义在于,对于美国的民主,我们的视野里已经有太多宏大叙事、是非判断、情绪感慨,欠缺的反而是"事实本身",一个个具体的个案能够帮助我们从意识形态的"高地"回到事实和细节的"平原"。古人有"哭错了坟"的笑话,这本书的目的,就是试图找准那座"坟"、描述那座"坟",然后由读者自己决定是去哭还是去笑。

美国政治的"制衡机器"有多个路径:国会、政府、法院三权分立是最显然的一个路径。200年前制宪者们就发明了这种各个权力机构相互掣肘的模式:总统可以提案,但是国会必须批准;总统可以否决国会议案,但是参议院可以启动弹劾总统;国会可以立法,但是法院可以宣布法律违宪;法院虽然独立判案,但是大法官由总统提名;总统虽然可以提名法官,国会必须批准提名……这种"你虽然拽住了我的头发,但是我踩住了你的脚,他虽然扭住了你的胳膊,但是你拧住了他的脖子"的复杂格局使得任何一个权力机构都不敢轻举妄动、任意妄为。"敌人的权利"一文里,我们可以看到法院对政府的制约:最高法院为了保护关塔纳摩恐怖分子嫌疑人的权利,判决政府不能另设行政军事委员会来审判犯人,并裁判关塔纳摩在押犯得到日内瓦协议的保护。"君让臣下,臣可以不下"一文讲述了总统任命的司法部长愣是被参议院给"赶下台"的故事。"哪怕只涨百分之一的税"里,新泽西的州议会和州政府则为"到底能不能涨百分之一的消费税"而大动干戈。"比道德制高点更高的"一文里,我们可以看到国会两院之间如何为"最低工资"法案相互制约。

联邦制为制约路径之二。美国从成立伊始就是个联邦制国家,联邦政府和州政府、市政府之间各有各的决策范围,互相不能干预。在同一个领域里,中央和地方、地方与地方之间不需要保持步调一致,就是相互唱反调,也稀松平常。开国之父们制宪时处心积虑限制中央政府权力,而将绝大部分公共政策的制定权交给了地方政府。虽然后来由于打击地方种族主义势力的需要以及大萧条之后的福利国家建设,联邦中央政府权力大大加强,但至今在大多数事务上,州级政府享有自主权。"从问题到议题"中,可以看到很多地方政府不理会中央政府,直接加入中央政府不愿加入的环保"京都协议"。"谁有特权上大学"中,可以看到加州州政府独自率先废除

"平权法案"，并不需要得到任何中央机关的批准。"病了谁管"里谈到麻省自己另辟蹊径制度创新，在医保改革方面走在了中央政府的前面。"动什么，不能动宪法"里，很多州级法庭宣布中央政府的"爱国法令"侵犯人权，不予承认。而当加州州政府宣布本周医疗体系不对非法移民开放时，联邦法庭则站出来宣布该法令违宪。

　　活跃的公民组织是制度制衡的第三个路径。政治学家罗伯特·帕特南曾经写过一本书叫《让民主运行起来》，其核心观点就是：只有一个充满着活跃公民组织、团体的社会政治民主才有健康运行。他用了一个词"社会资本"来形容公民组织的发达程度，"社会资本"越丰厚，民主越健康，反之则否。这与托克维尔当年对美国的观察相互印证——在他看来，美国社会的"奇观"之一就是它叽叽喳喳、热闹纷呈的民间自治团体。近 200 年后我观察到了同样的情形："敌人的权利"里，我们看到 500 个"关塔那摩恐怖分子嫌疑人"如何激发了美国人权组织对政府的奋力抗议；苏丹达尔富尔地区的人道主义危机引发了无数美国公民的积极行动（"他人瓦上霜"）；全球变暖问题愣是在无数环保组织和公民的推动下，变成了美国政治里的核心议题之一（"从问题到议题"）；"公民反对政府浪费"这样的组织时刻监督着政府到底花了多少钱（"耳朵上的记号"）；工会可以因为养老保险问题跟政府较劲，组织罢工搞"瘫"纽约这样的大都市（"咱们美国工人有力量"）。

　　媒体和文化产业是制衡路径之四。独立媒体在美国政治生活中的作用是无与伦比的。"9·11"之后美国政府对恐怖分子嫌疑人的窃听计划，就是被《纽约时报》最先抖露出来，成为一个家喻户晓的丑闻("动什么,不能动宪法")。《圣地亚哥联合报》因为最先挖掘出前国会议员 Cunningham 的受贿案而获得 2006 年普利策奖("耳朵上的记号")。美国的电视节目上每天既有对美国政府冷嘲热讽的恶搞节目,也有很多专家关于时政的严肃访谈和辩论("对你骂骂不完")。无数电影、电视、歌曲、书籍不断反思美国政治中的污点问题,在政治家耳边"警钟长鸣"("至少还有记忆")。重要的是,在自由的土壤上,一般来说,对任何问题"左中右"几派的意见都可以得到呈现。麦克摩尔虽然是"布什政府的眼中钉",这不妨碍他获得美国电影艺术学院颁发的奥斯卡最佳纪录片奖。哥大教授 Nicolas De Genova 虽然非常"卖国"地四处宣扬希望美国在伊战中战败,哥大校方却拒绝解雇他("愤青的下场")。查韦斯、卡斯特罗虽然是"反美斗士",美国人不但可以拍《对民主的战争》、《卡斯特罗》这样为他们歌功颂德的电影,而且电影的播放在美国也畅通无阻。虽然这些媒体报道和文化产品时常让政府颜面失尽,却也常常能够督促政府"悬崖勒马",避免酿成灾难性的结局。

最后一个制衡路径是投票选举本身。如前所述,民主从功能上讲是制衡的一个维度。"民主不仅仅是选举"这个道理,几乎已经家喻户晓,不过有些人似乎把这句话诠释成了"民主不需要选举"。我以为,对选举的认识不能矫枉过正。对于真正的民主制度而言,"选举"不是万能的,但是没有选举是万万不能的。选举的重要性,不仅仅在于给民众一次机会将他们不满的政治家赶下台,同样重要的是选举动员过程所激活的公共生活:它带动公众对公共政策的讨论——比如 08 年美国总统竞选过程,奥巴马、希拉里等人的一言一行带动媒体、公众讨论合理的贸易政策是什么样的、合理的环保政策应以什么为重、美军从伊拉克何时撤军合适、资本收入该不该加税等等重大公共政策；它向政治家传达民间的声音，迫使他们根据民意的风吹草动来调整自己的议程；它给民众提供一个参政的渠道，每次美国大选都有无数普通人通过捐款、志愿者行动等方式卷入选举进程；它促进公民的公共意识，训练公众的组织能力——选举带动了政党的产生，政党带动了草根民间组织的产生，草根民间组织将普通人卷入公共事务……总之，"真正的民主不仅仅选举"，但是真正的选举也不仅仅是投票，而是一个无数公民向公共生活凝聚的动态过程。

当然权力制衡也有失效的时候。历史上，制衡失败最显著的例子就是奴隶制问题的长期悬而不决。1857 年最高法院以黑人不是公民为理由，在 Dred Scott v. Sandford 案中驳回了一个黑奴 Dred Scott 争取成为自由民的诉讼请求，从而使黑奴问题失去了在宪政体制内得以解决的机会。后来虽然奴隶制在南北战争中被废除，而且1868 年的宪法第 14 修正案赋予了黑人公民地位，该修正案却长期得不到实施。甚至在 1896 年的 Plessy v. Ferguson 案例中，最高法院判决种族隔离政策并不违宪（该判例直到 1954 年才被推翻），再次说明权力的层层关卡和制衡并不总能产生保护人权和自由的结果。当然，当各个权力机构、公民社会、媒体都不能启动闸门纠正一个错误时，很可能是因为整个社会的"觉悟"还不够高，在这种情况下，很难说这到底是政治的失败，还是社会的失败了。

今天我们还是能看到不少制衡"失灵"的地方。比如很多人认为 2003 年国会批准伊战以及后来的批准大额战争拨款，就是立法机构对布什政府失去制衡意识的表现。又比如由于相关利益集团的强大力量，美国的军费开支匪夷所思的庞大——比如，一项分析表明，美国政府每年用于能源研发的费用，仅仅相当于军费一天半的开支——但没有足够的体制制衡力量去纠正这种荒唐。巨额农业补贴，在巴以冲突上的"拉偏架"……都可以说是民主制度失灵的表现。虽然这些失灵值得批评，但因此把民主制度说得一文不值却是一种"智力上的懒惰"。承认民主既给美国社会带来很多切实的进步和改善，同时也承认它还是有无力解决的问题，才是一种实事求是的态度。承认杯子不是满的，同时也承认半满的杯子总比全空的杯子要好，才是一种智力上的承担。

权力制衡的意义在于促进利益均衡。通过充分制衡做出来的决策，一般不至于"赢者全赢，输者全输"，各方利益都能沾点光，从而缓和政治矛盾。比如，2007 年提高最低工资法案的通过，经过参众两院、共和民主两党、国会政府多方博弈，最后一方面提高了最低劳工工资，另一方面也附带了给小企业减税条款，雇工和雇主的利益同时得到了一定限度的保护。又比如 2006 年那次纽约地铁工人大罢工，最后一方面工人的养老金低贡献率得以维系，另一方面工人又必须略微提高对医疗保险的贡献率，同样是"斗争双方"都必须做出妥协。第三个例子，新泽西州政府与州议会为消费税增加闹僵之后，最后的结果是：议会同意增税，但是政府必须同意将部分税收返回老年贫困群体。无数这样的例子表明，充分制衡的结果就是，在不同利益集团博弈的过程中，谁也不能全面得逞，在有所得的同时也要有所让。

　　比较有意思的是,在中国的政治生活中,我们始终不大愿意正视政治的"利益集团"特征,无论是政府还是民众,都宁愿使用"人民群众"这样含糊其辞的概念。其实,哪有什么抽象的"人民群众"呢?当纽约地铁工人以搞瘫全市交通要挟涨工资时,这些地铁工人固然是"人民群众",但那些怨声载道的纽约居民就不是"人民群众"吗?当美国的那些宗教右翼坚决反对堕胎时,他们固然是"人民群众",但是那些支持妇女堕胎权的自由左翼就不是"人民群众"吗?同理,北京上海人愿意维系本地人较低的大学录取分数线,在这个问题上,北京上海居民是人民群众,全国其他地方的居民就不是人民群众吗?当政府向偏爱的大型国企贷款从而保护了国企员工的利益时,国企员工自然是"人民群众",但很多因此失去贷款机会的中小民营企业员工就不是"人民群众"吗?正是那种常见的"整体主义"的"人民群众观",那种不同社会阶层、团体具有统一利益的幻觉,导致了那种"整体主义"的政治观,似乎一个政治势力就可以全方位地代表全体"人民群众"。

　　除了利益均衡,充分制衡另一个更大的好处是提高政治决策的理性成分。一个好的民主制度,不仅仅是为了实现不同利益之间的简单加减法,而是在不同利益集团的对话当中找到一个最合乎公共利益的政策方案。当代有不少政治哲学家都倡导一个叫"协商式民主"的观念。"协商式民主"是针对"统计式民主"而言的,二者的不同在于:前者注重民主过程所推动的政治协商,而后者仅仅注重选票的计算。一个充分制衡的政治制度,等于无形中增加这个制度里的"协商点",从而尽量消减公共政策中的专断性。从总统到国会，从参议院到众议院，从国会到法院，从政府到公众、到 NGO、到媒体，从中央政府到地方政府……当一个权力机构试图说服另一个权利机构为其倡议"打开闸门"时，都必须"给个理由先"。如果它无法做到"给个理由先"，要么它必须将其政策修正到对方认为"合理的程度"（比如 07 年最低工资法的制定过程中，参议院共和党迫使民主党在提高最低工资的同时给小企业减税），要么该政策得不到通过或者只能在小范围内实施（比如有很多州拒绝执行"爱国法令"中的"窃听恐怖分子嫌疑人"条款）。

这也是为什么美国的民主 200 年来具有越来越强大的纠错能力。充分制衡意味着强制性的对话，而根据哈贝马斯的理论，充分、有效的对话是政治现代性的要旨。"怎样悼念死者"一文，记录了每一次大的矿难之后如何促使美国政府改进煤矿监督机制，从而使煤矿产业成为一项"本质安全"的行业。"民主请客谁掏钱"里，我们能看到为了围追堵截金钱对竞选的不公正影响，美国的立法者们如何"与时俱进"地推动一项项新的改革。虐俘丑闻出现之后，美国各界声势浩大的抗议迫使政府"悬崖勒马"，审判虐俘者并签署反虐待条款。当"给个理由先"这个尚方宝剑时时刻刻伸出来挡住一个公共政策的去路时，这个政治机器的理性程度也就被迫不断提高。

托克维尔——乃至以前的柏拉图以及后来的哈耶克——的观念失误正在于此：他们高估了民主制度的"统计"功能，低估了民主所推动的"协商"过程，所以才悲观地预测民主终将导致"多数暴政"和整个社会的"平庸化"。事实上，我们观察今天美国的民主，既能看到democracy（民主），也能看到meritocracy（优者胜出）。一方面"多数人"的福利底线能够通过民主得到维护，另一方面"少数人"的精英主义冲动也没有因此被消灭，聪明才智和艰苦奋斗不但能够在这个制度中找到展示途径，而且一般来说能够得到相应回报。所谓实现"美国梦"不仅仅是住上"洋房花园"，而是指在"种瓜得瓜，种豆得豆"的正反馈机制中实现个人尊严。

当然美国式的富足也造就了无数坐在沙发上吃着垃圾食品、看着垃圾电视节目的"平庸"人群——而这正是托克维尔所担心的，但是美国无论在科技、艺术、音乐、文化、商业、金融……领域，各行各业里优秀人才仍然层出不绝，那些没有民主化的国家或者那些自称更民主的国家，似乎都很难号称自己的科技、文化、商业产品更"优秀"。当无数普通民众开始走进大都会博物馆欣赏艺术品，去林肯中心听歌剧，坐在咖啡馆里聊政治，谈论貌似"事不关己"的全球变暖问题，我们甚至可以说，美国民主最后的结果不仅是"大量贵族的平民化"，更是"大量平民的贵族化"。

但是从另一个角度而言，又可以说美国民主之所以避免了托克维尔所担心的"多数暴政"和"社会平庸化"，正是因为美国国父们将"托克维尔式的悲观"溶入了制宪时的考虑。他们对暴政——无论来自政府还是民众——有着充分的估计和警觉，所以才设计了一个各方"充分制衡"的复杂政治机器。联邦党人害怕"多数暴政"，所以在美国的政治制度中加入了很多精英主义的成分，刻意回避古希腊式的直接民主；反联邦党人害怕"政府暴政"，所以在制度中加入了很多个人权利条款，为权利的平等化发展打下了制度基础。复杂的制衡装置使精英主义和平民权利、理性和利益之间形成一种均衡互动,维系美国 200 多年来大多数时候的国泰民安。

3

一定的政治制度总是和一定的政治文化相对应。如果没有人努力实施它,制度本身说到底不过是纸上的文字而已。为美国 200 年来社会经济发展保驾护航的宪法,也不过是 7000 多字的文本而已。在美国,是什么样的政治文化在"激活"这个充分制衡的政治制度呢? 其中最清晰可见的,恐怕就是美国人"斤斤计较"的权利意识了。

在我眼里,美国人捍卫权利的意识几乎到了"过敏"的程度。这种"过敏"不但表现在人们对任何可能侵犯他们权利的"风吹草动"都"大惊小怪",而且表现在对"别人的权利"也感同身受,并因此"多管闲事"。05 年底当布什政府秘密窃听恐怖分子嫌疑人电话电邮的消息被抖露出来之后,媒体、政界、公众一片哗然,其"如丧考妣"程度,简直令人感觉"国将不国,日将不日"。前副总统戈尔甚至为此发表演说,激情洋溢地宣布"美国民主已经处于水深火热之中"。关塔纳摩的 500 多个恐怖分子嫌疑人不经审讯就被关押,则成了美国反布什力量的最大旗帜。媒体公众对那 500 个人——虽然其中不乏要袭击、摧毁美国的"基地"成员——之"牵肠挂肚",简直超过了他们对被恐怖分子砍掉了头颅的本国公民 Daniel Pearl 的关心。2003 年阿布格拉布监狱的虐俘事件造成的"公愤",又仿佛是在伊拉克发生了一场南京大屠杀。哪怕后来犯事者都被依法审判了，而且布什还签署了"反虐待法案"，民众对政府之"咬牙切齿"，仍然几年如一日地经久不散。美国前司法部长克拉克亲自跑到伊拉克去给萨达姆做辩护律师，更是生动注释了美国人"权利观念"胜于"敌我观念"之精神。什么样的民众造就什么样的政府，什么样的文化维系什么样的制度，这种说法不能说没有道理。

"斤斤计较"的权利意识常常导致民众的"过度防御意识"：被碰一下，就迫不及待大喊"杀人了！杀人了!"过度防御未必总是好事——容易造成对政府过度的不信任和愤世嫉俗心态，但是相比"防御不足"，对权利的"过度防御"却是一件好事。它可以把很多权利侵蚀活动、政府的专断行为扼杀在萌芽状态里，使这个制度的纠错机制及早被启动，从而防止一个小错变成一个大错，一个喷嚏变成一次伤寒。

从美国民众对权利杯弓蛇影的态度来看，美国的民主之所以比某些国家成功，一个重要原因就是普通民众在不断通过自己的行动去激活它。制度就像是钱，如果没有人去"花"它，那么它就什么都不是，不过是一堆废纸。而不断"消费"这些"钱"的习惯，则是文化。如果不是美国公民200多年来一直在代代相传这种权利的"消费"文化，美国的开国之父们写下的宪法再美轮美奂，今天肯定也被扫进历史的垃圾堆了。

民众积极参与政治生活和实践公共责任，不仅仅能增加一个制衡的维度，从而使政治决策更加理性，而且是一个增强社会凝聚力的过程：正是在一次次的"参与仪式"中，公民一次次地肯定自己在这个政治社区里的成员身份,从而增加对社会的认同感。若是让认为"人是天生的政治动物"的亚里斯多德来看,公民的参政责任甚至不仅仅是为了完善政治或者社会,而是为了完善个人自身——公共生活中对善、对真、对理性的追求,是个体自省和提升的必经之路。2007年夏天《时代》杂志曾经发表一篇文章"Me Generation",指出中国当代的年轻人大多注重个体生活,对公共事务漠不关心,此文曾经在网上引起一阵讨论,有些年轻人忿忿地指出:"我就是不关心政治怎么了!"我不想说这种在中国普遍存在的论调是"不道德的",但我想说,它是"不自然的"。一家人在一起吃饭,妈妈买菜,爸爸洗菜,姐姐做饭,哥哥洗碗,妹妹扫地,但有一个弟弟却说:"我就是不关心做饭怎么了!"一件事情明明与每个人都有关系,但却非要说它跟自己没有任何关系。我只能说,在今天的中国,有太多的制度和文化障碍遮蔽了公共生活的自然状态。

说美国人"权利意识"强烈,对自己的言论、集会、结社等"天赋人权"斤斤计较,并不难理解,这合乎美国人个体主义的一贯形象。而美国政治文化的另一面,同样重要的一面,却常常被忽略,这就是美国社会的"公民责任意识"。很多普通美国人为苏丹达尔富尔难民发出呐喊、为"全球变暖"奔走呼告;"消费者行动主义"运动是民间自发的消费者运动,目的是保护世界各地血汗工厂里的工人利益以及穷国农民的经济利益("大家好才是真的好");美国现在的慈善捐款中,私人个体捐款占总额的83%(中国不到20%)——中国人常常嘲笑美国人小气,跟朋友吃饭从不请客,但"小气的美国人"人均税后收入的2.2%用于慈善捐款,而大方的中国人人均捐款额为人均收入的 0.06%；一半的美国人都从事过志愿者服务活动；很多人为了动物权利而变成素食主义者；每次选举年，都有无数普普通通人走街窜巷地"做群众工作"……就是说，在美国的政治文化中，参与意识、公益精神是非常重要的一个元素。

现在世界各国越来越多的人开始运用自己的权利，为自己的权益而抗争，这当然是一个重大进步。但是，只掌握了"权利意识"，而没有掌握"责任意识"，只是学会了民主精神的"皮毛"。事实上，当一个社会的公民还仅仅停留在为"自己的利益"而斗争的阶段，它的民主制度肯定还是夹生的。一个真正牢固的民主制度，需要的不仅仅是"当我的权益受到侵害的时候，我要坚决捍卫自己的权益"，而是"当我的权益受到侵害，你要坚决捍卫我的权益；当你的权益受到侵害时，我要坚决捍卫你的权益"的责任共同体意识。只有这种共同体意识，才能真正激活民主，否则各个利益群体各自为政，也许可以因为力量对比而形成暂时的妥协，却没有共同的理念将整个社会凝聚起来。

当然公民责任意识未必就意味着人人要争做"活雷锋"，成天为国为民振臂高呼。事实上，阿尔蒙德的《公民文化》认为，最好的公民文化未必就是公民参与积极性最高的文化，而是在"参与意识"和"服从意识"之间的一种平衡。毕竟，一个社会不仅仅需要"热情"，也需要"秩序"。从这个角度来说，公民责任意识最好的起点就是法律意识和规则意识。所谓制度建设，一部分内容是制度改革和创新，而另外一个很重要的部分，则是对现有制度的尊重和实施。

我曾经向一个关系不错的美国朋友借一个软件拷贝，结果他竟然犹犹豫豫——平时找他帮任何忙都没有过这种情况,经过解释,原来他觉得这样复制软件太不尊重知识产权了——听了这个解释,我差点笑出声来,竟然还有这样的书呆子! 但是从另一方面来说,正是因为美国社会有很多这样的"书呆子",这个制度的运行成本才可以降到很低。与此相对应的一个小例子,是我以前住集体宿舍的经验。我在哥大曾经和几个印度和中国学生住一个套房,有一个公用厨房。我发现,几年下来,无论我如何苦口婆心地和他们几个"恳谈",都无法促使他们在做饭之后清扫灶台和洗碗池。就是这么一个小小的个人经验,让我重新反思了制度与文化的关系。虽然还不至于从一个"制度主义者"转变成一个"文化决定论者",但对于制度对文化的依赖关系,我却有了非常切身的体会。当人们普遍缺乏"规则意识"、"责任意识"时,制度要么形同虚设,要么就意味着大到惊人的实施成本。

很多后发民主化国家之所以民主化进程受挫,一个原因就是"权利意识"和"责任意识"的不均衡发展。人人都觉得国家欠自己的,却鲜有人各司其职地按规则办事。民众往往在大多数时候的"政治冷漠"和偶尔的"破坏性参与"之间摇摆,或者说,在"子民"角色和"刁民"角色之间摇摆,却少有日积月累的、点滴改良、沟通协调式的"建设性参与"。当权利意识的觉醒大大超越责任意识,就到达了亨廷顿所说的"政治超载"状态,政治动荡也就几乎不可避免。这样看来,避免矛盾激化时的过激参与的最好方式就是鼓励常态下的温和参与,只有允许民意的细水长流,才能避免它的山洪暴发。

而这又将我们引领回到制度与文化之间"鸡生蛋、蛋生鸡"的关系。人们的权利和责任意识能够大大降低一个制度实施的成本，但也正是一个制度提供的言论和行动空间使得人们得以操练自己的权利和责任意识。美国的民主有秘密吗？与其说这个"秘密"是某个神奇的宪法文本，不如说它是一个个公民具体的思维和行为习惯。当警察对某些恐怖分子嫌疑人，或者政治异议分子，或者新闻记者，或者异教人士，或者普通刑事犯，或他国战俘刑讯逼供时，你是决定转过头去说"我就是不关心政治怎么了"，还是决定走上街头或者给你们当地的政治家写信表达自己深切的不满呢？所谓民主的秘密，就藏在你作出选择的那一刹那。

托克维尔在《美国的民主》中曾悲观地写道："由于民主政府的本质是没有任何力量能够阻挡的多数人绝对主权，一个多数群体必然会有权力去压制少数群体。正如有绝对权力的个体会滥用他的权力，有绝对权力的多数群体亦会如此。鉴于公民的平等状态，我们可以预见一种新的压迫形式会在民主国家中出现……人心中有一种对平等的恶癖，那些弱者会试图将强者扯到和他们一样低的位置上，从而使人爱好奴隶的平等甚于自由中的不平等。"不幸的是，托克维尔所预见的"向下的平等"的确在后来的人类历史上出现了，但不是在美国，而是在某些共产主义国家的极左年代里。极左年代里对知识群体的迫害，对财富精英的毁灭，对个体追求个人发展的压制，对多元文化艺术追求的打击，都印证了托克维尔人类将走向"向下平等"的判断。而这个惨烈的画面之所以没有在美国出现，就在于托克维尔忽略了一个小小的因素：自由。政治自由、市场自由鼓励多元，鼓励竞争，鼓励参差不齐，鼓励精英主义，从而消解一个固定的"多数群体",将它打散成一个个随时变换组合的利益群体。就是说,自由是"中和"民主的一种碱,调和民主天然蕴藏的腐蚀性的酸。而极左实验本质上是试图实现一种"反自由的民主",不幸它失败了,因为我们发现,没有自由的"民主",最终会蜕化成以民粹面目出现的极权主义。

今天的中国,对民主冷嘲热讽的声音不绝于耳。这并不奇怪,从"文革"的"大鸣大放大字报"到今天的"民主虚无主义"态度,历史不断表明,乌托邦主义者总是最先堕落成犬儒主义者,从乌托邦到虚无论,不过是同一种懒惰的两种表现而已。然而今天的中国,由于发达的市场经济,分化的利益集团,多元的价值观念,比历史上任何时期都更有理由有条件生长民主。经历了几千年的专制和乌托邦实验的中国人,也应该比历史上任何时期更有心智去接受民主:接受它的利,承认它的弊,小心它隐含的陷阱,但也试探它后面的道路。近 200 年前,在那次著名的旅行之后,托克维尔说过一句意味深长的话:"民主把一个人永远地抛回给他自己,最终将他完全禁锢在内心的孤独里。"这话可以做多样的解读,我的理解则是,民主通过将公共生活的重负压在每一个个体的肩膀上,挑战每一个人的心灵和头脑。如果说劣质的民主,正如专制,是给个体提供一个隐身于群体之中的机会,那么好的民主则鼓励每个人成为他自己,依赖于每个人成为他自己。"把一个人永远地抛回给他自己",这是一件好事还是一件坏事呢?勇敢的人和怯懦的人,勇敢的民族和怯懦的民族,也许有不同的回答。

权力制衡篇

选谁都差不多

如果我是美国人,很可能不会去给大大小小的选举投票。这倒不是说我政治冷漠,没有公民责任心,而是我觉得,在美国现在这种政治体制下,其实选谁都差不多。

比如眼下我一直在跟踪观察的马萨诸塞州的州长选举。

每年的 11 月 7 日是美国的选举日。今年(2006 年)没有总统选举,但是有许多州要选州长,我所居住的麻省就是其中一个。

如果我是一个麻省公民,我选谁呢?

最有力的竞争者有两个。一个是民主党的候选人德沃·帕崔克,黑人,曾在克林顿政府手下任助理司法部长。一个是共和党的候选人凯丽·赫利,女性,是麻省现任副州长。

如果我是一个麻省公民,当然有理由关心这场选举。对于一个普通美国人来说,州级选举对他们衣食住行的影响,其实比总统选举要大。因为美国是个联邦制国家,对于一个普通公民来说,消费税的税率是多少、高速公路上的时速多少、中小学教育质量如何、

▲ 麻省州长的民主党候选人德沃·帕崔克

▼ 麻省州长共和党候选人凯丽·赫利

有多少警察在你家附近巡逻、能否申请有政府补助的医疗保险,这些与日常生活最休戚相关的事情,主要都是由州政府与州议会决定的,不关白宫和参众两院什么事。在很大意义上,对于老百姓而言,"国计民生"的真正含义,其实是"州计民生"。

抱着关心"州计民生"的热切心情,我大量地读报、看电视、上网,努力发掘两个候选人的"本质"差异,最终得出的结论却是:其实选谁都差不多。

听来听去,我发现他俩在政见上,主要差异集中在两个方面。一个是要不要削减收入税;另一个是如何对待非法移民。

赫利坚决主张要削减收入税。每次电视辩论,她都把这个问题拿出来,气势汹汹地追问帕崔克同不同意减税。她说:"减了税,老百姓口袋里有了钱,经济发展才有动力。"我想,减税是好事啊。我一共收入就那么点,还老是被挖去一大块税,我当然支持减税了。可是后来我上网一查,发现赫利所说的减税,无非是从 5.3% 减到 5%,顿时觉得很没劲。才减个 0.3%,却嗓门大到大西洋对岸都能听到。而且,帕崔克说的也有道理,他说:"不错,老百姓的钱是老百姓的钱,但是公路、公立学校,也都是老百姓的公路、公立学校,如果少交税的代价是公共服务的退步,老百姓欢不欢迎呢?"好像也有道理。

再看另一个分歧。帕崔克主张让在麻省公立大学上学的非法移民交相对低的"州内学费",赫利反对。帕崔克说"要给那些学习合格的非法移民一个机会",而赫利则说他是在"用合法居民的钱去奖励非法行为"。帕崔克主张给通过驾考的非法移民发驾照,说是出于"安全考虑",赫利则坚决反对,说这让"控制非法移民更加困难"。双方似乎都有道理,但是说实话,这对我来说,实在是个可以"高高挂起"的问题。

当然,两个人还有一些其他分歧,比如同性恋结婚可不可以合法化、要不要支持干细胞实验……分析来分析去,我觉得所有这些"差异"都显得鸡毛蒜皮。0.3%的税收、给不给非法移民发驾照、同性恋能不能合法结婚,对我的生活几乎没有任何影响,所以对我来说,选谁都差不多。

"选谁都差不多"可以被理解为一件坏事,也可以被理解为一件好事。很多人把它理解成一件坏事。每天,我都可以从报纸上读到无数这样的哀叹:民主党也好,共和党也好,其实大同小异,一样堕落,既然"天下乌鸦一般黑",我为什么要去投票? 事实上,很多人把美国的投票率不高这个问题,归咎于美国政党"没有给选民提供一个真正的选择"。专制者更可以声称:既然在民主选举中"选谁都差不多",那还要选举做什么? 所谓选举,不过就是一群戏子做戏而已。

但是我不这么看。"选谁都差不多"这个现象的发生,其实恰恰是两党激烈竞争的结果。正是因为两个政党在竞争中都要争取大量的"中间选民",所以它们的政见日渐"趋中",最后,两党的政见往往稳定在最大多数选民比较赞同的位置上。而一个上台的政党,代表多数人的利益,这恰恰是民主的含义。

早在 1957 年,政治学家 Anthony Downs 就总结出了两党制下"政党趋中化"的规律。许多后来的经验研究都证明了这个简洁然而意义重大的结论。

从这个角度来说,"选谁都差不多"又是好事,因为它说明不同的政党都在使劲谄媚"多数老百姓"。好比如果我喜欢吃面条,不喜欢吃三明治,那么一个党请我吃拉面,一个党请我吃刀削面,我当然"选谁都差不多"了——反正没人逼我吃三明治。投票率低,至少对于某些人来说,恰恰说明他们对政治体制的信任:既然我就算不投票,也要么能吃到拉面,要么吃到刀削面,那我投不投票也无所谓了。

选举议题的"鸡毛蒜皮"化,在一定程度上,恰恰是美国社会在重大基本问题上达成了共识的表现。这个社会已经完成了对工人能不能组织工会、如何控制公司垄断、公立中小学如何运营、妇女该不该投票、黑人能不能坐公车的前排、言论自由是不是好事、人权是不是一个贬义词等等这些"重大"问题的辩论了,剩下的,至少就国内事务来说,基本都是小修小补的"鸡毛蒜皮"了。如果一个国家连这些最基本的共识都还没有形成,"右派"坚持工人不能成立独立工会,"左派"坚持反对市场经济,而我是那个国家的公民,那我当然会举着选票跑到投票箱前了。毕竟,在那种政治环境下,选谁会非常不一样,我可不想被人按着脖子,吃下自己不爱吃的三明治。

哪怕只增百分之一的税

以前只听说过商店因为财务困难歇业关门，在美国，竟然见识了政府因为财政问题而暂时歇业关门。

2006年7月1日，美国新泽西州州长科赞（Jon Corzine）签署了一个17号行政令，下令新泽西州州政府所有"非基本的"办公机构都暂时关门。这些"非基本的"部门包括：机动车辆管理处、公园、彩票部门、教育局、部分司法机构，等等。虽然"基本的"政府部门，比如警察、消防队、监狱等等，还保持运转状态，但这个小小的行政令，也让45000千人临时下了岗，占新泽西公务人员的一半以上。城池失火，殃及池鱼，便是新泽西州大西洋城那些个举世闻名的大赌场，也跟着被迫歇业。虽然它们不是政府运营的，但是它们必须在政府人员的监控下运营，而那些监控人员歇了业，这些赌场也只好跟着关了门。

读者可能要问，美国州长权力这么大？大笔一挥，就可以让几万人暂时下岗？当然不是这样。美国作为一个法治社会，必须按照

著名的大西洋城赌场因为必须有政府人员
监管，也不得不因为政府关门而暂时歇业

法律的规定来办事。美国又是一个联邦国家，每个州有每个州的法律。根据新泽西州的州法，在每年新的预算被州议会批准通过之前，政府不应当有新的花销。今年的州预算批准截止日期是7月1日，新泽西州议会没能在7月1日之前通过新的年度预算。于是州长科赞依法下令冻结那些"非基本政府部门"的运行。

那么，州议会为什么没能通过州政府的预算提案呢？原因是，新泽西州政府面临45亿美元的赤字，为了填补这个赤字。州长科赞提出了一系列开源节流的做法。其中最重大的建议，就是要求将新泽西州的消费税从6%提高到7%，期望以此每年获得11亿美元的进账，而这个提议遭到由民主党控制的州议会的反对。一方坚决反对提高这1%的消费税，一方坚持这是填补赤字最有效的方法。双方僵持不下，最后错过了预算批准的截止日期。州长这才一怒之下签署了 17 号令,虽然是"依法"办事,但同时也是以冻结政府的方式来要挟州议会。

当然,无论是州长,还是州议会,都得罪不起选民。固然,增加税收会得罪选民,然而,一部分公共服务长期被关闭,以及大量公共雇员的"临时下岗",同样会惹恼选民。于是,从 7 月 1 日科赞签署 17 号令起,州政府和州议会开始了马不停蹄的谈判,连美国国庆日的假日都不休息了。州长本人据说也"睡在了办公室"。7 月 6 日,州议会里的民主党内部就达成了妥协,表示愿意接受消费税从 6% 增加到 7%(意味着每个家庭平均一年多开支 275 美元左右),但是作为条件,由增税所得收入,其中有一半必须用于缓解由于高不动产税对老年人口造成的压力(新泽西的不动产税全美最高)。换句话说,这边拔了羊毛,那边至少得部分地补回羊身上。

7 月 8 日,这一提案在新泽西州议会的上下两院通过。很快,州长科赞签署了 19 号行政令,下令解除 17 号。从 8 日开始,各个"非基本的政府部门"重新开张,到 7 月 10 日,基本上所有的政府部门都恢复正常工作。新泽西这场"预算战役"这才算平息下来。

对于我们这些外部的观察者来说,重要的当然不是新泽西州这么一个遥远地方的"预算平衡"。毕竟,我不去新泽西购物,它消费税就是涨到 70%,我也可以事不关己,高高挂起。对我来说,有趣的是这场预算战役的政治过程。

从政治运作的过程来说,最引人注目的,就是议会不是政府的橡皮图章——它切切实实地审查、质疑政府提出的预算方案。也就是说,在涉及到"掏老百姓口袋里的钱"以及"花老百姓口袋里的钱"

的问题上，议会确实是试图在把守一个关口。就算是 1% 的消费税，就算是年家庭开支也只是因此增加 275 美元，那也不是某个领导一拍脑袋说了算。相比之下，我似乎就没有听说中国的全国或者省级人大曾经否决过政府提出的预算草案。事实上，别说一般的老百姓不知道我们的消费税或者所得税的税率从何而来，有何道理，背后的政治博弈过程是什么，就是人大代表们本身，估计大多也是只知其然不知其所以然，晕晕乎乎地投赞成票而已。

当然，议会在把这个关口的时候，是一只眼睛瞟着自己的职位，一只眼睛瞟着老百姓的利益。但是，在一个合理的制度中，"自私"不应该是问题，"损人利己"才是问题。如果政治家的职位必须通过适当保护老百姓的利益来维持，这二者不是"辩证地统一"了吗？当然，这里说的是一种理想的情况。很多时候，政治家只是虚晃一枪，"似乎"保护了老百姓的利益，实际情况却扑朔迷离。但是，至少在新泽西的这个案例中，首先，部分州议员们开始是怕涨税引起选民不满而拒绝州长的预算提案，后来，又同样是怕关闭部分公共服务惹毛了选民而达成了妥协。在这个案例里，政治家的政治考虑明显受了选民利益这个指挥棒的影响。

我们在公共领域里讨论民主或者民主化，易于陷入抽象的、空洞的口号对口号式的争论。事实上，民主是非常脚踏实地、非常柴米油盐的一件事。它涉及的，无非就是当有人要从我怀里一年掏走275 美元的时候，它是会被"神不知鬼不觉"地掏走，还是会至少经过一场辩论。而且我可以倾听这场辩论，可以根据我自己的标准判断其中的是非，可以在下次投票的时候，给那个在我看来说话没道理的人投一张反对票。

　　相比之下，在一个不够民主的社会里，公共财政的"软约束"问题似乎很难避免。如果民众或者民选代表不能有效地监控预算的出台过程，那么政府开出什么账目就是什么账目。它说花多少就是多少。它说花在哪就是在哪。提案中的预算数字怎么来的，很少人知道。这些数字是不是的确按部就班地花了，也很少人知道。就算由于上级政府的压力，以及地方税基的不足，导致一个相对合理、相对有限的预算，各级政府还是可以通过"巧取豪夺"建立无数的"预算外基金"。近几年来中国政府启动的"预算内外一本账"举措，以及崭露头角的"审计风暴"，可以说是非常积极的公共财政改革。但是，更根本的变革，还是在于推动人大切实地审查、质疑、监控政府的预算方案。

　　谁都知道，花自己的钱是一件让人心疼的事，而花别人的钱是一件不怎么让人心疼的事。一个好的公共财政体系，就是要通过一个政治博弈的过程，让花别人的钱变得像花自己的钱一样心疼，哪怕一年也就是 275 美元。

比道德制高点更高的

我总觉得，煽动家和思想家之间的区别，就是煽动家总是特别热衷于抢占道德制高点，而思想家总是热衷于指出道德制高点底下的陷阱。所以煽动家总是在话语的盛宴中觥筹交错，而思想家总是在惴惴不安地担心谁来为这场盛宴买单。

在所有的道德制高点中，没有比"保护弱势群体"更高的了。但是，口号的简洁性不能掩盖现实的复杂性，最近美国参众两院在"2007年联邦最低工资法案"问题上的较量，就体现了这种复杂性。

美国的联邦最低工资，从1997年开始就一直没有变化，停留在5.15美元/小时的水平上。为了适应新的经济形势，民主党很早就提出将联邦最低工资提高到7.25美元的目标，共和党却迟迟不肯响应。但是2006年11月民主党在中期选举中大获全胜，打破了这一僵局。民主党占多数席位的众议院，很快就于2007年1月通过了提高最低工资的法案。

按理说这事就该完了，最低工资提高，底层劳工的利益得到了保

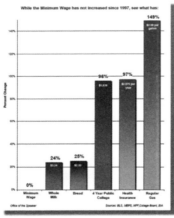

▲ 民主党在国会中力主增加最低工资，泰德·肯尼迪（著名的肯尼迪总
  统的弟弟，麻省参议员）则是这个声音最有力的代表

▼ 1997年以来，美国牛奶价格上涨了24%，面包价格上涨25%，公立大学
  学费涨96%，医疗保险价格涨97%，汽油费上涨149%，但最低工资到
  2006年为止却分文未涨，这是增加最低工资的最有力依据

护,政治家们可能还因此多赢得一些选票,岂不是皆大欢喜?

可惜,这事没完。1月众议院刚通过该议案,2月参议院的许多共和党人就出来"捣乱"。他们表示,如果不增加小企业减税条款,他们就不批准该议案。最后,参议院通过了该法案,但是增加了"10年内给小企业减税83亿美元"的条款。

这样一来,众议院又不干了。我们提高最低工资,是"保护弱势群体",你们要给小企业主减税,是"保护强势群体",你这不是跟我对着干吗?不行,要减点税可以,最多13亿。

两方面讨价还价两三个月,最后的结果是:最低小时工资从5.15增加到7.25美元,同时5年内给小企业减税48亿美元。各方预计它的最后批准指日可待。

看到这里,大家可能会对共和党的"捣乱"感到困惑和不齿。"资产阶级的代言人"、"与劳苦大众为敌"……我们从小接受的阶级教育也许会条件反射般地给我们输送这些判断。但是,事情真的这样简单吗?我们不妨把"提高最低工资"作为一副多米诺骨牌的第一张,看看它可能引起什么样的连锁反应。

假设我是一个企业主,手下雇佣了7个人,每个人的小时工资是5块钱,如果政府强令我将工资涨到7块钱,我会怎么做呢?为了维持同样的生产成本,我很可能将7个员工裁成5个。这时候,那5个人的利益是得到了保护,那么,那两个被裁掉的人呢?

事实上,无数经济学研究已经表明最低工资法和失业率之间的正相关关系。虽然经济学家当中也有"异见分子",比如克鲁格的研究表明最低工资法对就业率影响非常微弱,但是绝大多数的经济学实证研究都一再表明最低工资法会增加失业率,尤其是年轻的、非熟练工的失业率。"最低工资研究委员会"调查表明,最低工资上升10%,会导致年轻非熟练工失业率增加1%到3%。这个研究结论令人悲哀之处就在于,最低工资法旨在保护弱势群体,最后伤害的,恰恰是弱势群体。

你可能会说,那就让政府禁止企业在提高最低工资的情况下裁减员工。先不说这个"禁令"在雇用自由的市场经济条件下是否可能,就先假定它是可行的吧,后果怎样? 对于企业来说,如果政府规定我不能解雇员工,那我不雇新的员工总行吧? 前面说过,最受最低工资法影响的,恰恰是年轻非熟练工人的就业机会。你可能又要说,那我强制你雇用新工人。好吧,我只好雇佣新工人。结果又怎样? 这个企业的生产成本提高,它的竞争力下降,美国的制造业在第三世界国家面前节节败退,与其劳动力成本偏高不能说没有关系。那么我们就贸易保护主义! 你又说了。好吧,贸易保护主义咱竞争不过中国、印度,把它们关在外面还不行? 后果又是什么? 提高的生产成本转移到价格当中,谁来承担? 消费者。那些抱怨美国的商品、服务太贵的人,很可能同时是主张提高最低工资的人,却不愿看到这二者之间的联系。你可能又要说了,咱不让他们把生产成本转移到价格当中来,咱降低资本家的利润率不行吗? 可以啊,but how? 如果一家企业没有违法,你怎么强制规定它的利润率? 强制企业不许解雇工人、强制它雇佣定量的新工人、贸易保护主义、规定企业利润率,把这一切加起来,那叫什么? 计划经济。计划经济的弊端,呵呵,还用得着继续推这付多米诺骨牌吗?

"保护弱势群体"最后导致"伤害弱势群体","道德制高点"变成"道德陷阱",这就是所谓的悖论。不幸的是,这个世界充满了悖论。

　　认识这些悖论,需要比道德制高点更高的东西,那就是理性。当然,我绝不是说"最低工资法"一定不合理,我说的只是,在讨论这个法案的同时,要考虑它可能导致的不良后果,并对这个不良后果采取"配套"的预防措施,从而防止好心办坏事。共和党"给雇佣穷人和老兵的小企业减税"的附加条款,恰恰是基于这种意图,因为最低工资法案真正冲击的,其实并不是那些利润丰厚的跨国大公司,而恰恰是那些本来利润率就微薄的小餐馆、小百货店、小农场,一旦它们因为抬高的劳动力成本破产,或者不得不通过裁员来维持低运行成本,"弱势群体"就从倒霉走向更倒霉了。

　　罗斯福政府1938年第一次在美国历史上提出最低工资法案的同时,也建立了一系列的增加就业的"配套"措施。比如著名的"工人进步项目",通过大量的公共工程来增加就业机会,从而抵消最低工资法对就业率的冲击。后来美国福利制度日渐完善,通过缓冲失业给个人带来的经济危机,同样为最低工资的不断上升提供了配套制度。

　　能否把相关思考引入中国呢? 由于许多研究表明穷人消费率比富人高,提高穷人的工资能够更有效地拉动有效需求。在中国这样一个"金字塔"形的社会结构里,最低工资拉动需求的效果,应该比美国这样一个"橄榄"形的社会显著得多,就是说,在今天的中国实行最低工资法,对就业率的负面影响更可能被其正面影响所抵消。当然,即使如此,如果我国真的开始严格执行最低工资法,还是需要许多配套政策以保证就业率，比如小企业的减税、发展劳动密集型产业、强化福利制度、通过公共基建项目增加就业、提供优惠投资政策、加强劳动力培训……总而言之，保护弱势群体，绝不仅仅是占领道德制高点的问题，而且是如何防止弱势群体成为政治家们道德造型里的牺牲品。

所谓秘诀

中国的公款吃喝已经到了触目惊心的地步了。据《瞭望》报道说,中国 2004 年的公款吃喝高达 3700 亿元。这是什么概念呢? 2004 年中国公布的军费也就 2117 亿元,同年中央财政投入农村义务教育的经费才 100 亿元。

这还没说公车购置、出国考察、政绩工程、高干医疗呢。

一个国内的朋友问我:中国公款消费这么严重,不知道美国有没有什么可以借鉴的治理经验? 我说,美国基本上没有这个问题,又谈何"治理"? 朋友又说:没有这个问题? 看来美国官员真是清廉!

其实,并不是美国官员不爱免费吃喝玩乐,但是钱袋子不由他们管,而由立法机关管,他们胳膊不够长而已。在中国,政府却是自己给自己开支票,人大不能提供真正有效的审查和监督,所以不消费白不消费,消费就要大大咧咧地消费。这是个制度问题,跟个人道德水准没有太大关系。就算你现在破口大骂公款吃喝,如果有人拿一张空白支票给你,让你随便给自己填,你肯定也会往上面填个天文数字。

宾州议员给自己涨工资引起民怨。因为猪肉在西方政治里象征着不负责任的拨款，抗议者在议会门口竖起一头大大的充气猪，上面写着"收回议会非法上涨的工资"

　　所以，要说美国"治理"公款奢侈消费的"秘诀"，其实很简单：权力制衡。我们中国今天治理公款吃喝，一会儿制定"四菜一汤标准"，一会儿"公款吃喝公示制"，却全都治标不治本，甚至越治越病，因为治来治去都还是自己给自己开支票。立法机构真正与政府平起平坐，有效审查监督其开支，公款消费也就"断了炊"。司法机关真正与政府平起平坐，裁判越界的案例，公款消费就得提心吊胆。公众、媒体通过真正的言论自由对越界者"拳脚相加"，公款消费者就得道德破产。所谓秘诀，不过就是这些制衡而已。

　　权力制衡对于遏止挥霍公共资源真有作用吗？不妨说说近两年我在美国耳闻目睹的几个小例子。

宾州议员擅自给自己涨工资，引起民众抗议，
标语上写着"收回上涨的工资！"

　　一个是去年纽约州审计长阿伦·赫维斯栽的跟头。这个倒霉的
州审计长，按我们中国的说法，也是个"厅级干部"了，2006 年 9 月，却
因为让他的一个手下长期给自己生病的太太开车，被揪了出来。按照
法律，公车绝对不能被私用，私用就要付相关费用。虽然赫维斯为此
道歉，并主动给州政府赔偿了 8 万多美元，州道德委员会仍然认定他
"明知故犯地利用职位，为自己和妻子谋求特权"，指控他违反了《公务
员法》。当时正值美国中期选举阶段，州审计长是个民选职位，民意调
查显示，赫维斯本来领先 40 个百分点的，一个星期之间，就掉到了 12
个百分点。由于当时他还没有遭到正式起诉，罪名不明朗，所以仍勉
强获得连任。可是当他的案子正式进入法庭程序之后，迫于压力，他不
得不还没就任就宣布辞职。2007 年 2 月，法庭宣判他有罪，虽然只判了
罚款，这个"厅级干部"的政治生命，却因为公车私用而给彻底搭上了。

另一个小故事,是宾夕法尼亚州议会的"加工资"风波。2005年7月的一天,宾州的议会在没有举行任何公共听证的情形下,突然通过法律,宣布给州议员涨54％的工资,同时也给本州的法官和高层行政人员涨了工资。这种行径,可以说是典型的"自己给自己开支票"。第二天州长就签署通过了该法令。结果,"人民群众的眼睛是雪亮的",当地的一个社会活动家立刻就把议会告上了法庭,认为他们这种做法"违宪"。后来,民愤越来越大,上千个人跑到州议会门口抗议示威,甚至有民间组织将议会告上了联邦法庭,指控他们"侵犯了公众的立法讨论权"。迫于民众压力,州议会只好重新投票,几乎全票同意收回原先"涨"的工资。相比中国许多官员可以随便往公共支票里填吃填喝填车填旅游,美国的公共官员在没有这一切奢侈消费的情况下,给自己填点工资都很难做到。

一个审计长因为公车私用落马,一个州议会涨上去的工资愣是给退了回去,可见权力制衡对于公款私用的影响不是子虚乌有的事。在民众这样的虎视眈眈下,议员敢给官员们留出3700亿的"接待费"吗?这事够让他们下一百回台的。所以说不是美国官员们不爱吃喝玩乐,而是前有议会管着钱包,后有法院拿着手铐,四面八方都有"群众的眼睛",实在没有什么空子可钻而已。

事实上,权力制衡不但管制公款私用,也管制着公款公用。就算公款不给"私吞"了,也很可能被各种政绩工程、低效投资、无理补贴等等给浪费了,因此公款公用,也有一个"好刃是否用在了好刀上"的问题。2005年纽约市申办2012年奥运会时,纽约州政府就因为民众压力,拒绝给一个对于申奥很关键的体育馆注入公共资金。

公众说了,我们这缺钱的地方多了,办什么奥运啊。前一段我写过一篇"耳朵上的记号",阐述美国 2007 年开启的一项拨款改革,其目的是将狭隘的利益集团化、地方主义化的拨款从美国的财政开支中清除,这同样是"预算民主化"改革的一部分。美国有一个非营利性团体,叫"公民反对政府浪费",专门监督那些流向不合理、不必要的"公款公用"。听听它的一些报告名称,就知道它对政府花钱多么锱铢必较:"一个新的威胁:政府资助的垃圾科学"、"YMCA:从社区服务到社区无服务"、"艾滋项目:一个泛滥成灾的浪费"……虽然它的很多说法不一定对,但是让政府花钱的时候有点胆战心惊,却未尝不是好事。

甚至,民主和法治连"私款公用"也要干预。我不用公款请你,用自己的钱请你吃饭还不行吗? 如果你是试图影响公共政策或者有这个嫌疑,还是不行。基本上美国所有的州对此都有法律规定,比如,康州的法律就规定,一个公职人员一年之内接受"政策游说者"的吃请不能超过 50 美元。又比如,2006 年国会通过法令,规定禁止"政策游说者"给议员提供免费旅行和吃喝。英国的政治文化也似乎与此遥相呼应,最近布莱尔去迈阿密旅行,因为住了朋友免费的豪宅,而该朋友又似乎有往英国推销唱片之嫌,好端端的一次旅行,愣是变成了一个丑闻。

最近看到网上流传的一张照片,内容是两会代表在会议上睡得东倒西歪。固然,领导讲话往往具有神奇的催眠效果,而且人民大会堂的椅子可能格外舒服,但在那个庄严的大厅里,顶着人民代表的头衔,睡得憨态可掬的代表们其实有很多的事情可以做,比如,仔细聆听政府预算报告的细节,并且在可疑的地方说"不"。

动什么,不能动宪法

　　这段时间,一打开美国电视台的新闻频道,或者翻开美国报刊的新闻栏目,就总会碰到一个词:窃听。围绕着这个词,还有以下词汇在上下翻飞:总统,国家安全局,反恐,国会,听证。把这些关键词连起来,就是当前美国政治的焦点新闻:美国国家安全局的窃听案。这个案件,简言之,就是美国总统布什曾在"9·11"之后,秘密下令国家安全局对"恐怖分子嫌疑人"进出美国的电话、电邮进行窃听窃取。这件事情在近 4 年后,也就是 2005 年 12 月被《纽约时报》给抖了出来,闹得全国上下沸沸扬扬,国会开始对此事召开听证会,进行调查。

　　按一般人的直觉来说,总统下令国家安全局对恐怖嫌疑人进行秘密监控,似乎也不是什么特别大不了的事情。为了国家的安全而盯梢"嫌疑人",这也是政府"为人民服务"的一部分吧,更何况这个行动发生在举世震惊的"9·11"事件之后。在当时的恐慌气氛中,政府对神出鬼没的恐怖分子嫌疑人进行神出鬼没的调查,似乎也属于情有可原之事。

布什的窃听计划因程序可疑而激发民愤,公众认
为这是美国向极权体制敞开了大门(图中文字:
"布什司法部最新的特务调查")

　　但是,美国人对自己的政府、对自己的领袖没有这么"宽容"。
在这个以自由和法治立国的国家,人们对自己的隐私权利、言论自
由以及法律程序,有一种"神经质"的警觉。在他们的眼里,自由、权
利、法律,"娇嫩"如婴儿的肌肤,需要一丝不苟的呵护。

　　应该说,民众对"窃听案"的不满,有两个层次。一个就是对窃
听本身的不满。在许多人看来,对民众言论广泛的监控,是极权统
治的起点,是对自由原则的背叛。虽然政府号称其监控对象是"恐
怖分子嫌疑人",但是谁又能保证它监控的仅仅是"恐怖分子嫌疑
人",而没有越位到政治异见者、新闻记者,乃至普普通通的公民呢?
第二层不满,集中在窃听的法律程序上:按照美国1978年制定的"外
国情报监控法案",美国政府对其公民的信息监控,必须首先申请一

个特别法庭的批准,而布什在批准"9·11"之后的监控行动时,并没有依法申请特殊法庭的批准。这在法理上,严重违背了既定的法律程序。正是在这一点上,布什被社会各界揪住了一条大辫子。

而这个辫子,实际上是布什在侵犯法律方面的第二条"大辫子"了。第一条,是古巴关塔那摩海湾著名的拘留营。这个拘留营同样是布什当政期间的"创举"。它以"反恐"之名,越过法庭的审判,任意地、无限期地扣留政府眼中的"恐怖分子嫌疑人"。"9·11"以来,这个集中营已经关押了 500 多个这样"不明不白"地蹲监狱的人。在某种意义上,类似中国已经被废除的"收容遣送所"。关塔那摩,成了布什滥用权力的代名词。

布什的窃听项目引起公愤,报刊上对该项目的嘲讽层出不穷

当然,布什也宣称他的行动有法理基础。他的法理论据有两条。一个是"9·11"之后,国会给他的授权。根据这个授权,他有权采取"一切必要和合适的手段"来预防、反击恐怖分子的袭击。在布什政府看来,窃听、关押嫌疑人,属于这个"必要的、合适的手段"范围。第二个法理依据,据说是宪法。根据宪法规定,在战争期间,美国军队的最高司令,也就是美国总统,有权越过国会和法庭的批准,下令采取紧急军事行动,而反恐,布什政府论证,就是一场战争。

　　当然,他的这两个说法,很快引来了嘘声一片。首先,"一切必要和合适的手段",不能被无限地、任意地解释。而且,根据美国法律的惯例,当一个新法的含义("9·11"之后的国会授权)可能抵消一个旧法(外国情报监控法案)的内容时,新法必须明确、具体地指出这个抵消的内容。其次,说反恐是一场战争,所以总统可以为所欲为,显然也是混淆了反恐战争和一般常规战争的区别。反恐战争中的决策,并没有一般战争中的紧急性,而且,它是无限期延伸的。如果用它来为布什政府的独断辩护,那么美国公民的自由和权利就得无限期地搁置了。

　　然而,对于真正关心这个国家走向的人来说,他们关心的不仅仅是那被监控的几千个人,或者被拘留的那几百个人的权利,甚至不仅仅是这其中涉及到的被践踏的法律程序,而是美国这个国家的立国之本——三权分立的失衡。在这个失衡的过程中,总统权力越来越大,国会和法院的权力越来越萎缩,从而使支撑美国政府制度的"三角架"越来越向一边倾斜,出现摇摇晃晃的迹象。如果说一个具体的法律程序被践踏可以及时修补,宪政框架的倾斜,却可能是灾难性的。

2006年1月16号,前副总统戈尔出现在电视屏幕上,发表慷慨激昂的演说,大声疾呼美国不能丢弃它三权分立的优良革命传统。他从当时的国家安全局的窃听案件谈起,得出结论说:"美国的民主已经处于水深火热之中。"固然,我们有理由怀疑他由于党派之见而夸大其辞,但是,观众也不得不承认他敏锐的问题意识。美国宪法的精髓,不是某一个具体的法律条文,而是它所构架的权力制衡。这种权力的平衡,可能被一个独裁者大刀阔斧地公然推倒,也可能被一个扩张权力的总统一点一点地蚕食。正是因为这种蚕食的危险,对任何一点政治病毒建立一个强大的预警机制,可以说是政治健康的前提。

美国的开国之父们当初制定宪法时,初衷并不是建立一个强总统的制度。美国宪法的第二章,明确规定的总统权限是"保证法律被忠实地执行"。换句话说,按照宪法的原意,总统拥有的是"执行权",他本身并没有立法权,不能自由地去"开发"权力。然而随着时间的流逝,历届总统们不断"顺手牵羊",权力越来越大。

首先,美国总统选举形式的变化,使得总统越来越拥有自己独立的选民基础,并不需要对国会俯首称臣。19世纪30年代以前,美国总统的提名由国会的各党代表控制,总统还有动机对国会毕恭毕敬。之后,总统候选人开始由各党的全国党代表大会提名,总统提名的"婆家"从国会的党代表变成了普通的党代表。后来,总统的选举进一步"民主化",各党的党代表不再由"党总支"指定,而由普通公民投票产生,这样一来,总统的选举基础,完全平民化了。总统

"翅膀硬了",国会想抓也抓不住了。

其次,数次政治经济危机,都给了总统扩大权力的机会。时势造英雄,无论是内战时期,还是大萧条时期,或者越战时期,都呼唤一个强有力的总统来团结社会、集中资源、渡过难关。在这种危机时刻,一个强有力的总统,不但能够提高决策的效率,而且其个人魅力也是危难时刻凝聚社会的资源。当然了,搞不好也会搬起石头砸自己的脚。这些危机造就了一夫当关、万夫难挡的林肯、罗斯福,也造就了约翰逊、尼克松这样的倒霉蛋。在所有这些危机中,无疑罗斯福新政时期是总统权力扩张最迅猛的时期。事实上,新政期间总统权力的转型,也是社会治理方式转型的一个后果。经济大萧条的出现,据称证明了放任自流市场模式的危险,于是,美国社会的治理模式开始向干预型、福利型转变,这种转变反过来又导致了一个强大行政权力的扩大。

最后,同时可能也是最重要的,还是现代社会运转方式"理性化"的后果。现代社会生活日益复杂化,需要越来越庞大的行政部门,灵敏的反馈机制,和越来越专业的管理知识。行政部门的提案,越来越成为国会议案的源泉。通过控制提案的内容,设定国会的议程,总统带领的行政部门已经成了事实上的"立法者",更不用说行政部门在"执行"法案时,往往自由诠释法案,从而也实现立法的功能了。(这一点,和一个越来越庞大的公司里,CEO 的地位不断上升是一个道理。)

正是在这个大背景下,美国社会有理由对总统权力的进一步扩张表示警觉。历史学家 Arthur Schlesinger 在尼克松当政期间写了一本影响很大的书,叫《帝王总统》,声称美国的总统已经从"宪政总统"变成了"帝王总统"。然而,也正是因为"神经质"的社会各界及早地启动了预警机制,导致了国会在尼克松时代及之后采取一些拨乱反正的措施。1972年的"呈堂法案",1973年国会通过"战争权力决议",1974年的"国会预算和资金扣押法案",分别从外交、战争、财政各个方面钳制了总统权力,增强了国会的地位。

许多人认为,小布什是自尼克松以来最"猖獗"的总统,直接传承了尼克松的"帝王总统"风格。这不仅仅体现在他屡次绕过适当的法律程序,推行他所主张的政策,更体现在,即使他按照法律程序推动其政策时,国会和司法部门也在小布什政权面前软弱无力,从而从内部蛀空三权分立这个理念,破坏美国宪法的精髓。按照戈尔的说法,由共和党掌控的国会几乎成了布什政策的橡皮图章,而司法部门也被保守派占据。然而,情况可能并不像戈尔说的那么不堪。事实上,在小布什的紧逼之下,美国政治、社会各界的预警机制又启动了。国会开始反击,它开始要求政府对关塔那摩的关押犯情况定期汇报,驳回了布什要求无条件无限期延期《爱国法案》的请求,并对窃听案中的政府角色,表示了强烈的质疑。法院也通过几个案例,成功地为关塔那摩在押犯的人身保护权划定了一个界限。媒体的批评声音越来越大,《纽约时报》不顾白宫劝阻报道窃听案,本身就是媒体声音的一个胜利。至于社会团体,已经有两个团体,美国自由联盟和宪政权力中心,分别在底特律和曼哈顿,开始起诉国家安全局的做法。

可以看出,美国社会是一个对政府权力高度"过敏"的社会。正是这种"过敏",使这个国家两百年来能够不断"狙击"专制的病毒，防患于未然,维系社会的健康。对于一个将宪政和法治视为灵魂的社会来说,面对灵魂里的杂质,小题大做、大惊小怪、吹毛求疵,可以说是一种美德。潘恩曾经说过,那些试图享受自由的人,必须同时忍受肩负它的疲惫。

君让臣下，臣可以不下

众所周知，自从 1970 年代尼克松的水门丑闻曝光以来，美国政治生活中的重大丑闻都会被加上"门"字，比如伊朗门、白水门、卡特里娜门、佛利门、普莱姆门等等。最近，在这个长长的"门"名单里，又多了一"扇"门：律师门。

事情是这样的：2006 年 12 月，美国司法部在白宫的批准下，突然以"工作表现不佳"为由，解雇了 8 名联邦律师（更确切地说是联邦检察官）。这些律师在震惊愤慨之余，将这事捅到了媒体。从 2007 年 1 月份开始，各大媒体开始积极报道这件事，讨论这次解雇是否合理。3 月份，国会司法委员会开始调查此事，传唤司法部的相关当事人。在媒体和国会越来越气势汹汹的声讨下，司法部策划此次解雇事件的司法部长助理桑普森首先被迫辞职，到后来，随着媒体把这件事越炒越大，司法部长冈泽尔也不得不"身败名裂"地辞了职。

大家可能会奇怪，司法部解雇自己的雇员，怎么会成为丑闻呢？

冈泽尔最后不得不因为"律师门"案引咎辞职。图为冈泽尔在佛罗里达大学演讲时,一个抗议者身穿关塔那摩在押犯的装束,在他身边静站抗议,他胸前写着"公民自由"

众所周知,在美国的"分立三权"中,联邦行政权这一块是完全由总统统领的,也就是说,"各部委"负责人是总统任命的,不是民选职位。同理,各"部委"内部的工作人员是由其负责人任免,也不是民选职位。这也是为什么美国每一个新总统就职,都会带来一次"领导班子"的大更迭:每个总统都会想办法在政府内部安插本党的甚至本人的亲信,以提高本届政府的行政效率。就司法部来说,里根就任的前两年里,93 个联邦律师里有 89 个被替换,克林顿政府也是 93 个里面替换了 89 个。而布什也替换了 88 个联邦律师。虽然这个替换有一个参议院批准的程序,但是这个审批针对的是这些职位的"任命",而不是"罢免"。这一点,在 1926 年的"麦尔斯对美国"的最高法院判例中已经做出明确澄清。在这种情况下,冈泽尔解雇本部的 8 个律师,怎么会酿成政治风暴呢?

问题在于,很多议员、媒体以及这8个律师本人认为,此次大规模解雇不是因为什么"工作表现"——因为在解雇之前,根本就不存在一个"工作表现"的评审程序,而是因为这些律师对布什政府"效忠不够"。甚至有人认为这次解雇是对这些律师的打击报复——报复他们作为检察官起诉民主党员不力,或者起诉共和党成员太卖力。

比如,其中最有争议的人物是南加州律师莱姆。2005年她曾经积极调查美国近年来最大的腐败案克宁汉姆案,并成功地起诉了共和党议员克宁汉姆。2006年5月,她又将调查之手伸向了国会拨款委员会主席共和党议员利维斯。同时,由克宁汉姆案顺藤摸瓜,她又开始调查CIA前高官佛格。就在被解雇的前夕,她还在忙于起诉佛格。莱姆在这个关头被解雇,难怪有人认为这是共和党内部的"清洗运动",与"工作表现"没有关系。当然司法部还是辩称,这个解雇并不是阻止莱姆起诉佛格,因为就在莱姆被解雇之后,司法部还是起诉了佛格。

其他7个联邦律师的解雇,或多或少也存在这样的争议。比如,新墨西哥州的联邦律师依格里塞斯表示,他之所以被解雇,是因为他没有加快调查民主党人的投票舞弊案;内华达的波根,在被解雇前正在调查内华达共和党州长吉本斯;而东阿肯色州联邦律师克明斯的解雇,据说唯一的理由就是布什总统的顾问洛伍想让他腾出位子,以便安插一个亲信。

鉴于这些争议的存在,双方掐作一团。冈泽尔坚称这次解雇没有任何报复的企图,纯粹基于"工作表现",而"工作表现是广义而言的,包括政策优先性的安排等等",同时强调司法部作为行政部门,其职能本来就是"为总统服务",具有政党性的特点。而批评者则认为,政党利益不应当高于国家利益,虽然联邦律师由政府任命,一旦开始工作,他们应当秉承中立原则。

应当说,在这场辩论中,冈泽尔节节败退。助手辞职,国会听证,本人被传唤,职位岌岌可危。尤其在声称他并没有深入参与这件事,但是他的助手在国会听证中否证了这一说法之后,连共和党的很多人都开始跟他划清界限。布什原则上表示支持他,也一再要求他"做出更好的解释"。事实上,布什在这场政治斗争中自身难保:他的几个"爱卿"洛伍、玛尔斯等都受到牵连,被国会传唤。5月份,参议院司法委员会的几个民主党员提交对冈泽尔的"不信任案",7月份有国会议员表示要启动弹劾冈泽尔的步骤(美国有立法部门弹劾政府高官的先例),8月份已经"众叛亲离"的冈泽尔不得不主动辞职,布什接受了其辞职。

堂堂司法部长,有总统这个靠山,有"麦尔斯对美国"这个判例的前科,有政府大规模更新联邦律师的惯例,竟然不能扳倒几个手下的律师,却反过来被他们扳倒,可见在美国,即使是部长,权力也非常有限。政党利益不能高于国家利益,政见不能超越公益,是这场斗争成为丑闻的根本原因。

事实上,稍微熟悉一点美国宪政史的人就知道,这场斗争其实并没有什么新意。早在1867年,也就是中国人见到皇帝还在战战兢兢下跪的年代,美国就有一位总统因为试图炒一个官员的鱿鱼而差点被国会炒了鱿鱼。那就是美国第一个遭受弹劾的总统安朱·约翰逊。当时约翰逊因为与其战争部长斯坦顿政见不合,试图解雇他。国会声称该解雇违反了当时的"职位期满法案",对约翰逊启动了弹劾程序。众议院都已经通过了弹劾总统,幸亏参议院以一票之差将约翰逊从"下岗"的边缘给救了回来。

之后总统的官员任免权问题就一直反反复复。1926年的"麦尔斯对美国"判例中(当时总统威尔逊要解雇一个邮政官员麦尔斯),最高法院判决"职位期满法案"违宪,也就是说,总统有解雇其内阁成员的自由。但是也有法学家说,这并不意味着总统可以随心所欲地解雇官员,因为当人员任免影响了政府为公众提供有效服务时,这本身又是违宪的。1935年,当罗斯福因为联邦交易委员会主席汉弗瑞不支持新政而解雇他时,汉弗瑞则又把罗斯福政府给告了。最后法院裁决,由于联邦交易委员会不仅仅涉及行政权力,而且涉及部分的司法权,政府不能自由解雇其官员,罗斯福政府败诉。

看来,据我有限的知识,从1867年以来,美国就有三起由官员任免引起的"君臣冲突"。目前这个律师门事件,则是第四起这样的案例。相比专权国家里"君主"可以威风凛凛地大笔一挥就抹去无数下属的政治生命甚至肉体生命的"潇洒",在一个三权分立的国家里做一个"君主",是多么窝囊的一件事:君要臣下,臣就是不下,不但"臣"不下,而且"臣"还可以要"君"下。可见,在这样的国家里,真正的"君主"不是某一个人,而是一部在各种力量相互制衡下不断被激活的宪法。

耳朵上的记号

在中国，众所周知，腐败现象层出不穷。大家可能会好奇，美国有没有腐败呢？

当然也有。这两年闹得最沸沸扬扬的两个腐败案例，一个涉及前国会议员 Randy Cunningham，作为前国会国防拨款委员会成员，他曾经接受一个国防产品承包商 240 万美元的贿赂，并利用他在国会的权力，以"特殊专款"的方式间接给该承包商拨款。另一个案例涉及一个政治游说集团成员 Jack Abramoff，他曾经用免费餐免费票免费旅行等方式大量给国会议员行贿，换取他们给自己的客户多开一些"特殊专款"。

当然，最后 Randy Cunningham 和 Jack Abramoff 都落入了法网。2006 年 3 月，Randy Cunningham 被判入狱 8 年 4 个月，Jack Abramoff 也被判 5 年 10 个月。共和党 2006 年底输掉中期选举，不能说没有这两位共和党员的"功劳"。

然而，客观地说，类似的公然腐败在美国并不常见。拿 Cunningham

"美式腐败"的特色是官员为选票而向本地选民"施惠"，而不管这些钱对于整个社会而言是不是用在了刀刃上。图为一只猪的耳朵被国会的拨款委员会贴满了记号，在美国政治语言中，"猪肉"代表着施惠性质的拨款

Earmark, earmark, who's got the earmark?

的事件来说，涉案资金两百多万美元，就已经成了"现代国会史上最耸人听闻的受贿案"（《华盛顿邮报》语）。挖掘报道该案的《圣地亚哥联合报》也因此得了 2006 年的普利策奖。至于免费餐免费旅游等等罪行也天天上新闻头条，只能说美国人在腐败方面比较孤陋寡闻而已了。

不过我在这里想讨论的，并不是这种公然的腐败案。因为这在美国并不多见，至少没有成为一个制度性问题。我想讨论的是另一种更模棱两可的"政治腐败"。

细心的读者也许会发现，我上面说的两个案例，都涉及到一个词汇，"特殊专款"，这个词近两年在美国媒体上频频出现，在英文

里,叫 earmark,如果直译,就是"耳朵上的记号"。

　　什么叫 earmark? 它一般是指国会议员各自根据其选区或者集团需要,插入预算报告中的"相关项目专款",比如自己选区需要修一条公路了,就加入交通预算草案中;或者某学校需要某种计算机软件了,就加入教育预算草案中等等。一般来说,在审核程序中,它是在预算草案出来后,由议员各自紧急加入的,所以它的透明性、合理性很可疑。比如,在一个非常惊心动魄的案例里,2004 年 11 月 17 日,国会的拨款委员会审核批准了一项"外交行动预算草案"。但是,在接下来的 72 小时里,也就是草案提交国会批准之前,各路议员纷纷出马,加入了数千个 earmarks,总额达 160 亿美元。显然国会议员不可能在三天之内阅读分析这些"记号",该议案还是顺利通过。

　　Earmark 算不算腐败呢? 一方面,大多数议员在加 earmark 的时候,并没有接受任何贿赂或礼物,所以他的行为并不违法。甚至,从其选区的角度来说,我们选你干什么去了? 不就是希望你给我们拉修路费、教育资金吗? 所以你给我们争取"特殊专款",这才是合格的"民意代表"。正是因此,许多议员不但不以加 earmark 为耻,反而以此为荣。比如北卡州的一个议员,专门把自己争取到的"特殊专款"做成一张地图,这里是他为当地一个宇航中心争取的两百万,那里是他为了一个地方学校争取到的三百万,显得他"为民请命"不辞辛苦。

　　但是另一方面,earmark 又成为议员笼络人心、争取选票的手段。议员可以对真正的公共利益漠不关心,只追逐自己的局部利益或者集团利益,从而使有限的公共资金流到了无足轻重的地方。说白了，用公共资金为自己"搞政绩"，从而拉选民争捐款。比如，最著名的一个案例，阿拉斯加州两个议员极力推动一个两亿两千多万美元的"特殊专款"，要给一个只有 50 个人的孤岛造一座桥，这事后来成了笑谈，被称为"哪儿也不到的桥"。

各种调查都表明，earmark 的现象近年来在美国议会中剧增。根据一个叫"公民抵制政府浪费"组织的数据，1995 年国会里只有 1439 起 earmark，到 2005 年，已经蹿到了 13997 起。

Earmark 算不算"腐败"，这实际上涉及到民主制度的一个核心问题：被选举出来的官员到底代表谁？ 是仅仅代表那些选举了他的人，还是整个公共利益？ 如果是公共利益，那么民主的要害不仅仅在其"代表性"，而在于对于公共利益是什么的理性分析和思考，但是如果加入这种主观的分析和思考，这种主观性的限度又何在？ 代议民主制中的"代议"二字又如何保证？ 局部利益既是公共利益的组成部分，也可能成为它的障碍。当年美国的开国之父们一再担忧的"派系问题"，就是如何把局部利益控制在整体利益之下。

Earmark 虽然是美国政治中近些年才猖獗起来的现象，但是没有 earmark 的形式却有 earmark 的实质的"特殊利益"却始终存在。英语中"猪肉桶"这个词（pork-barrel），也是指政治家们争先恐后地瓜分公共资源这个"猪肉桶"，以争取选票或者政治捐款。比如，很多人认为"农业补贴"，就是一块"猪肉"。波士顿地区花了一百四十多亿的一个交通改善项目（俗称"大坑"），也常常被认为是"猪肉"的典型。

"耳朵上的记号"也好，"猪肉桶"也好，发展到一定程度，就具有了专业性,这就是美国普遍的"游说集团"现象。华盛顿周围,逡巡着一大批专业的游说集团,类似充斥北京的各地、各企业的"办事处"。游说集团代表着某行业、某集团或者某地区的利益,努力从参众两院中"挤钱"。本来,这也的确是帮助议员们"倾听民情"、"接近基层"的机会,是民主制度里宝贵的传统之一,但是,如前所说,局部利益和公共利益之间往往只有一线之隔,把握不好,就因小失大。专业化了的游说集团,甚至可以凭其与国会的关系建立"猪肉"市场,"拍卖"其政治资源,所以在局部利益、游说集团、议员的三角关系之间,出现前述的两个腐败案例,也就不足为奇了。Earmark 现象近 10 年的猛增,也和游说集团的商业化趋势相关。有人干脆说,earmark 成了游说集团的"自动提款机"。

两起重大腐败案,加上"哪也不到的桥"这样的笑话,美国earmark 改革的呼声也日趋强烈。由于各方压力,2006 年国会中的 earmark 大幅下降。2007 年 1 月 5 日,众议院通过改革议案,规定所有的 earmark 都必须公开标明倡议议员姓名、用途、成本,议员也必须证实自己与此 earmark 没有利益相关性,宗旨就是提高 earmark 的透明性。

当然了,有些乐于为自己选民"请命"的议员还是不服气。对于他们来说,我为我的选民争取利益,何罪之有? 一个伊利诺伊州的女议员就说,她"还将为自己的选区而斗争"。看来,一个政治家太死心眼了也不行,因为你对你的选民"负责",很可能就是对更广大选民的"不负责任"。

咱们美国工人有力量

　　几年以前,我一个哥大的博士同学突然宣布不读了,问他去干什么,他说:"我要去做一个地铁售票员。"听了之后我大笑,一个常青藤大学的博士生,辍学转当地铁售票员?我完全把他说的话当成一个笑话了。

　　直到前些天,目睹了 700 万纽约人因为 3 万交通工人罢工,在寒冷的清晨步行几个小时去上班上学,才渐渐明白我那个同学所说的话,很可能不是一个笑话,而是一个现实的计划。

　　一个纽约公交工人平均年工资为 63000 美元,同时还享有终生医疗保险、养老保险,55 岁就可以退休拿养老金。由于公交工人是"国企"工人,所以抱的基本是铁饭碗,不可能被随便解雇。这个待遇的分量是什么呢?要知道,美国人的年家庭平均收入为 45000 美元左右,也就是说,如果一个家庭有两个成人都是纽约公交工人的话,那么这在美国就是一个相当富足的家庭了。美国人平均的退休年龄是 65 岁。哥大一般的文科系院里,刚受雇用的助理教授一般年收入就是 6 万美元左右。而要当一个教授,需要接受 10 年左右的高等教育训练,这个过程的艰辛不说,竞争惨烈难找工作不说,往往还要使在读学生背上一屁股债务,难怪我的同学要"明智"地转行去做地铁工人了。

纽约公交工人活得这么爽,为什么还要罢工呢? 这部分当然是因为他们"身在福中不知福"。不用去非洲,就让他们到中国来旅游一圈,看看中国沿海一些血汗工厂的打工妹或者国企倒霉的下岗工人,估计他们肯定会死死抱住自己的岗位,给啥也不换了。然而,更重要的,当然是美国工会的势力。

平时车水马龙的布鲁克林大桥,因为公交工人大罢工而变成了人行道

美国有无数个大大小小的工会,一般按行业组织,比如汽车工人工会,服务行业工会,甚至分得更细,理发员工会,清洁工工会,保姆工会等等。当然,在每一个行业里面,工会之间对成员的竞争也很激烈,竞争的结果,就是每一个行业会出现一个或几个较大的工会,其他的小工会,作为子工会,加入这些大的母工会。这些小工会与母工会有一些协商、庇护、资助关系,但小工会有自己的董事会、财政来源,所以具有相当的独立性。

　　工人加入工会是自愿的,条件是交成员年费,好处当然是工会会出面和雇佣者协商劳工合同,就劳动条件、工资、福利等等与雇佣者讨价还价。谈拢了,当然好。谈不拢,工会可以号召工人弟兄们起来罢工、示威。如果这个工会的号召力足够强,可以把一定区域内的某个行业或某个工厂搞瘫痪,雇佣者当然得给工会"面子"了。对于政治家来说,由于工会在左右工人的选票方面的号召力,它同样是一个"大爷",也得罪不起。正是因为工会在左右经济、政治方面的"势力",美国工人的待遇自有工会以来,一直在"扶摇直上"。社会地位另论的话,就"舒服"程度来说,在美国做一个"蓝领工人",的确是非常"舒服"的职业。比如,长期生活在美国的人很容易注意到,美国的建筑施工速度非常慢,与中国很多地方一年一栋高楼的速度完全无法相比。这也难怪,美国建筑工人8点上班,5点下班,上午一个长长的"咖啡时段",下午一个长长的"咖啡时段",午饭吃它两个小时,五年能盖好一栋楼就不错了。又比如,美国普通的白领,根本请不起保姆甚至"小时工",许多女人选择做家庭主妇,辞职在家带孩子,往往不是"兴趣"使然,而是实在请不起保姆。再比如,一般的中国人会注意到,美国的"空中小姐"远远不如中国的"空中小姐"年轻漂亮,很多根本不修边幅的老大妈还"赖"在"空中小姐"的职位上,这其实也与美国工会对"空中工人"的保护相关,这种保护使年龄歧视、外貌歧视很难发生。

这次带领纽约地铁工人"闹事"的,就是美国"交通工人工会"的纽约子工会"地方100"。由于公交工人是"国企"工人,他们的合同是与纽约州政府的都市交通局签订的。2005年12月,上一个合同到期,新的合同进入协商阶段。正是在这个关头,"地方100"与都市交通局爆发了针锋相对的"阶级斗争"。经过漫长、激烈的讨价还价,双方在很多问题上都达成了一定妥协和共识,然而,在养老金的问题上,谈判被卡住了:都市交通局提出,以后新录用的工人必须抽取收入的6%作为自己的养老金筹款,这比现有合同增加了两个百分点,而"地方100"坚称它不会"出卖"以后新录用的工人,坚决不妥协。

于是,2005年12月20日凌晨3点,"地方100"宣布罢工,地铁、公车系统陷入瘫痪。这是纽约交通工人25年来的第一次罢工,时逢寒冷的冬天,对于依赖公交系统的700万纽约市民来说,罢工无疑是雪上加霜。以后的三天,成了"长征"的三天,人们在零下几度的天气里,迎着寒风,一步一步向自己的办公室或者学校"挺进"。如果说第一天大家还有点新鲜感,还有种走路的"振奋"的话,到第三天,人们已经开始怨声载道了,有的群众干脆在接受采访时说:"把那些工会的人给抓起来,扔到监狱去,就这么办算了!"

在所有这些愤怒的人中,纽约市长布鲁伯格无疑是最生气的。

在他看来,谈不拢再接着谈啊,你罢什么工啊。他在 20 日的声明中说:"交通工人工会将他们的私利摆在了公共利益之上,这不但是对公共服务这个概念的羞辱,而且是通过让这个城市给他们下跪来达到他们的目的。"更重要的是,根据纽约州的泰勒法,公共行业的工人罢工是违法的举动。布鲁伯格抓住这个法律上的"辫子",敦促法院对工会做出处罚。

众所周知,在这个人口老龄化的时代,养老金问题是一个全球性的问题。欧洲近几年的工人罢工,也往往与养老金问题相关。这次纽约公交系统在养老金问题上双方爆发冲突,并不出人意料。在"地方 100"看来,这次妥协,可能是将来工人福利进一步被侵蚀的开端。对都市交通局来说,交通工人的待遇已经比其他公共行业的从业人员(警察、公立学校的教师、消防员)要高了,55 岁就开始领退休金在私营行业也是闻所未闻。对白领阶层来说,交养老金的份额就不是 4％、5％、6％的问题,全国平均而言,白领阶层对自己养老金的贡献率为 32％左右。更重要的是,长远地看,按照现在的养老金和医疗保险支出,可以推算出都市交通局在 2009 年将要背上 10 亿美元的赤字。"如果一个巨浪即将打过来,你要在这个巨浪到来之前就闪开,而不是等它打到你之后才开始闪避"。

纽约的舆论越来越一边倒,甚至连"地方 100"的母工会"全美交通工人工会"都宣布他们不支持罢工,并敦促工人立刻返回岗位,同时法院也开始传唤"地方 100"的领导人,在这种形式下,"地方 100"结束了罢工,三天之后就回到了谈判桌。

这次罢工,"地方 100"和都市交通局两败俱伤,所以一回到谈判桌,双方口气都软了不少。几天之后,双方达成了新的协议。都市交通局不再要求提高工人对养老金的贡献率,但是双方同意工人对医疗保险的贡献率要提高 1.5%。同时,作为补偿,都市交通局会部分返还工人已提交的养老金,使每个工人能得到 8000 美元左右的现金收入。当然,这只是双方高层达成的协议,对工会来说,它还需要得到几万工人的投票批准,对于都市交通局来说,也需要董事会的批准。

在这整个"戏剧"中,我印象最深刻的,首先是没有任何人能够对"小人物"的命运随意地拍板钉钉。都市交通局不能随意决定其员工的工资待遇,必须与工会定期协商,决定合同内容;市长不能随意下令逮捕谁,只能"督促"法院采取行动;联邦政府不能干预州内事务,只能象征性地表示关注;甚至"地方 100"工会本身也不能决定合同的有效性,他们只是代表工人协商合同,只有工人的投票才能决定合同的有效性。

其次是工会的势力。没有人能任意鱼肉"小人物",恰恰与工会强大的势力相关。一个文明的社会,必须给予劳动者政治上的声音,这一点至关重要。然而,就美国的某些行业来说,这种保护有时候已走到了矫枉过正的地步。在一个全球竞争的时代,对劳动力的过度保护,已经削弱了美国许多行业在国际上的竞争力。一个典型的例子,就是美国通用汽车在日本同行面前的节节败退,最近开始大量裁员和关闭工厂。通用的市场眼光固然有失误,美国汽车行业的"军事化的"强大工会也令其喘不过气来。据通用公司声称,在他们每一辆汽车价格中,有 1500 美元用来支付其员工和退休员工的养老金。中国的轻工产品对美国市场的大面积占领,在一定意义上,也是中国对工人缺乏保护、美国对工人过度保护的结果。正是因此,美国竟然出现了工人自发地抵制工会势力的奇特现象:许多工人自发地打出了"我们要工作,不要工会"的口号。美国工人的工会加入率也连年持续下跌,从战后的33%下跌到今天的12%左右。

众所周知,政治是一种斗争的艺术。然而,同样重要却经常被忽略的是,政治也是一种妥协的艺术。在一个协商性的政治里,没有任何一方可以为所欲为。"地方100"工会最大的教训恐怕也在这里,煽动群情激愤等固然姿态华美,然而当它滑出法律的轨道,为了一个团体的利益而置公共利益于不顾时,这种华美也就沦为小题大做的滑稽了。毕竟,一个既得利益集团争取更多的利益,有别于一个真正的弱势群体捍卫自身的基本权利,因而也缺乏广泛的社会呼应。这已经不是一个高呼"失去的只有锁链,赢得的却是整个世界"的时代了,更务实的做法是回到谈判桌前,在法律的框架内解决问题,失去的只有1.5%的医疗保险,赢得的却是整整700万人的安宁。

金融危机里的左中右

"如果说这场金融危机对这次总统大选有什么直接影响的话",一个时事评论员写道:"就是结束了麦凯恩的竞选。"本来9月初共和党全国代表大会召开之后,共和党选情已经出现转机,民调显示奥巴马和麦凯恩支持率不相上下,但是一场金融危机的巨浪打过来,共和党选情立刻回冷,麦凯恩与奥巴马的支持率开始节节拉开。

奥巴马当然知道如何将这场金融危机打成选举牌。在最近的总统竞选辩论中,他慷慨激昂地控诉道:正是麦凯恩支持的布什政府的经济政策、去管制化的市场至上论,导致了目前的华尔街危机。

毛主席说过,有人的地方就有左中右。反映到最近的美国金融危机问题上,当然也不例外。以奥巴马为代表的左翼对金融危机的理解是:是金融界的贪婪、共和党的自由市场至上的原则导致了这场金融危机。正是基于这个理解,众议院才对最初的政府救市方案进行了否决,"凭什么我们要拿纳税人的钱去挽救那些贪得无厌的华尔街银行家"? 甚至有些左翼评论员不无幸灾乐祸地就此宣告资本主义的"终结",认为这场危机恰好反映了资本主义的内在弊端和必然崩溃。

右翼则对左翼的这种说法嗤之以鼻。与左翼那种"都怪银行家"的论调相反,右翼更倾向于"都怪那些超前消费买房的穷人"这种看法。在他们看来,这次金融风暴的根源在于次贷危机,而所谓"次贷",用最简单的话来说,就是银行给缺乏消费能力的人贷款买房。有些人不名一文,却大摇大摆地到银行要求贷款买房,银行则抱着"反正房子会涨价"的心态给他们进行抵押贷款。

两方谁对谁错呢? 我想来想去,只能各打五十大板。奥巴马"都怪共和党、都怪放任自由主义"的说法,在我看来不过是政客一贯的混淆视听。其实不管政治派别如何,大家基本能达成共识的一点是,这次金融危机的起源是次贷危机,而当年基于"保护弱势群体"的理念主张放松对穷人贷款限制的,恰恰是民主党政府和国会代表。1977 年卡特政府批准、90 年代克林顿政府屡次修改的"社区再投资法案",要求房地美和房利美("两房")等贷款公司降低中低收入者贷款的门槛,甚至规定给低收入人群的贷款额度。2005 年,当时还在共和党控制之下的国会曾经动议规范"两房"的贷款标准,却遭到民主党的一致反对。众所周知,最近的金融危机第一声"号角",就是"两房"大规模亏损吹响的。也就是说,民主党一直在推动房地产贷款按照福利原则而不是市场原则运作,所以恰恰是政府干预市场、而不是"全盘自由主义"埋下了这场金融危机的祸根。

当然另一方面来说,"银行家的贪婪"肯定也通过金融杠杆将这种潜在的危机放大了数倍。为了尽快将次贷兑现,华尔街精明绝顶的银行家们将次贷"包装"成优质证券,将这个烫手的山芋一个接一个环节地往下传,直到穷人付不起房贷的消息传来,大家发现次贷它就是"次"贷,怎么包装乌鸦也变不了金凤凰为止。等次贷这个多米诺骨牌的第一张牌倒下,全球金融危机也就为时不远了。这其中的关键是次贷的证券化,而在次贷的证券化过程中,可以说"华尔街的贪婪"功不可没。

可以说,这场金融危机,左翼埋下了种子,而右翼则积极地施肥浇水,"军功章"里,有你的一半,也有我的一半。正是因此,把这场危机打成选举牌,变成政党相互攻击的武器,是件可悲的事情。大难临头,解决问题最紧要,化悲痛为棍棒却似乎不大光彩。"凭什么拿纳税人的钱去挽救那些贪得无厌的华尔街银行家"这种说法固然颇煽情,但一个人身无分文却要买车买房,不贪得无厌吗?泡沫破灭的时候,大家义愤填膺。泡沫高涨的时候,大家不也都"同去、同去"了吗?要我说,贪婪的银行家固然可恶,但其实每个人心中都有个银行家。

民主的裤衩

　　最近那些对美国民主嗤之以鼻的人又找到了一个"确凿证据"：2010 年 1 月 21 日,美国最高法院在"联合公民对联邦选举委员会"的判例中,以 5:4 裁决联合公民组织所制作的"希拉里"政治片可以于选举前夜在电视上播放,推翻了之前联邦选举委员的禁播指令。这个裁决,用某评论员的话来说,导致了一场"政治飓风",政治家和评论员纷纷表态,叫好的叫好(主要是共和党),谴责的谴责(主要是民主党),吵作一团。

　　吵架的理由是,那个宣传片(立场是反希拉里的)是有公司赞助的,而根据美国 2002 年的竞选法案和之前 1990 年的判例,公司或工会赞助的政治广告不能在初选前一个月、大选前两个月播出。而 21 日的裁决则意味着公司或工会从此可以任意资助政治广告,影响选举结果。对很多人来说,这意味着有钱人可以尽情地"收购"选举,从此美国的民主脱下了最后的裤衩,堕落成了富人的裸奔。用奥巴马的话来说："最高法院今天的裁决,给特殊利益集团用金钱操控政治开了绿灯,它是石油公司、华尔街银行、保险公司和其它强大利益集团的胜利。"

哇塞,直接把民主赤裸裸地卖给资本家,这5个大法官胆大包天,不知道收了多少好处费? 但是,也许,5个如此资深的法官这样裁决也不是没有自己的道理? 首席法官 Roberts 这样解释他的立场:"宪法第一修正案的文本和目的都指向一个方向:国会不应当限制政治言论自由,即使这个言说者是公司或工会"。原来,其裁决的理论基础是宪法第一修正案:言论自由。

这样看来,这次判决引发的辩论,其实是美国过去几十年关于竞选资金论战的又一个回合而已,而这个论战的核心,就是在言论自由和政治平等之间,如何实现平衡? 让人说话,就自然有人说得多有人说得少,此谓自由,但伤害平等;要让所有人发言时间一样,就得强制一些人少说或者另一些人多说,此谓平等,但伤害自由。

裁决出来以后,不出我所料,从白宫到网络,到处涌现出"国将不国、民主将不民主"的哀叹,嘲讽美国民主的人自然要举着这个"确凿证据"宣扬:看,我说了吧! 我很奇怪人们为什么如此轻易地将这个裁决诠释为富人的胜利。且不说很多人刻意将"公司或工会"缩写为"公司"——比如奥巴马,用"其它强大利益集团"这个说法把工会给"其它"掉了,从而轻飘飘地勾销了该裁决意识形态上的中立性。即使这个裁决只允许公司资助政治广告,在我看来,要从"允许公司资助政治广告"得出"从此民主就成了富人的民主"结论,至少有两个逻辑上的跳跃:第一,公司在政治上总是在支持"代表富人"的共和党、打压"代表穷人"的民主党;第二,民众会轻易被电视广告所忽悠，让砸钱的大公司得逞。

但事实上，这两个跳跃都是可疑的。大公司总跟共和党心连心吗？Open Secrets 组织的调查公布了 88 到 08 年各大"政治行动委员会"（一般由公司或工会资助）的捐款情况，事实是工会基本一边倒支持民主党，但公司却不一定。比如高盛银行 63% 的捐款流向民主党，只有 36% 流向共和党；花旗银行 49% 捐款流向民主党，50% 流向共和党，基本持平；相比之下教师协会这样的工会组织，98% 的政治捐款流向民主党，流向共和党的则是零。有趣的是，在政治捐款总额的前十位中，有 6 个是工会或公共服务业行业协会，只有 4 个是公司或私营行业协会。那种"石油公司、华尔街银行、保险公司一定更热衷于用钱来操控选举结果以维护富人利益"的看法本身，就是一个需要被论证，而不是"显然如此"的观点。

至于有多少民众跟着政治广告的指挥棒走，就更可疑了。自战后美国政治学界有对投票的经验研究以来，从 40 年代的 Lazarsfeld 到 60 年代的 Converse 再到 90 年代的 Finkel，政治广告——确切地说，包含政治广告在内的全部竞选活动——对选民的影响力，几乎每一代政治学者都得出了大同小异的结论：政治广告——乃至两党的竞选活动本身——对选民的影响非常微小。选民的阶级、教育、收入、种族、宗教、家庭背景等因素往往决定了其政党忠诚，这种忠诚非常有韧性，它有时会被政治经济或者国际局势左右，但是极少被政治广告所改变。即使某些选民为之改变（往往百分比为个位数），这种改变也往往是双向的（即，有的民主党员"叛变"为共和党员，有的共和党员则"变节"为民主党员），因而有相互抵消的效果。

虽然少数选举中,由于双方力量的势均力敌,政治广告可能明显影响选举结果,以蝴蝶的重量影响哑铃的平衡,但这种影响到底有利于共和党还是民主党,完全没有定论。

如果政治广告对选民的影响微小,并且公司未必只支持"富人党",允许公司做政治广告怎么就一定导致"富人收买民主"呢?我当然不是说这个裁决一定不会带来问题,我想说的只是,这个问题的性质很可能不是什么穷人和富人之间的阶级斗争,而是如何在言论自由和政治平等这两个同样美好的政治价值之间寻求平衡。退一步说,就算这个裁决将来会带来重重问题,一个权力制衡的制度的最大好处就是它的自我纠错机制,今天政治的钟摆向这边摆,说不定明天就又摆了回去。

公民社会篇

至少还有记忆

最近去伦敦旅行,看了一个据说"近来最轰动伦敦的"话剧,名字叫"佛罗斯特/尼克松"。该剧是对 1977 年一场电视访谈半写实半虚构的舞台重构,访谈者是英国脱口秀主持人佛罗斯特,被访谈者是美国前总统尼克松。虽然当时水门事件已经过去了 5 年,尼克松也下台了 3 年,但是尼克松从来没有真正坦然承认过自己的错误。佛罗斯特,一个当时事业正在走下坡路的节目主持人,雄心勃勃地想迫使尼克松在该访谈中承认错误,从而实现他自己商业上的突破,尼克松自己当然步步为营,将佛罗斯特咄咄逼人的提问转化为自我辩护的机会。但是最后,在智囊团的帮助下,佛罗斯特还是"战胜"了尼克松,使这个曾经不可一世的总统在亿万电视观众面前出尽洋相,最后不得不在自我唾弃中缴械投降。

这个故事的主题,用最简洁的话来说就是:不忘记,不原谅。

不但尼克松下台 3 年之后不能原谅他的过错,哪怕他下台 30 多年后的今天,这样一个戏剧的出台、上演和观众的热烈反应,重申了

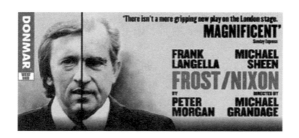

这种"不忘记、不原谅"。

　　无独有偶。最近一年我就看了另外两个主题类似的电影，一个是 2006 年赢得多项奥斯卡提名的电影《晚安，好运》，另一个是 2003 年底出品的纪录片《战争的迷雾》。前者是通过一个新闻主播穆罗和议员麦卡锡的对峙，声讨 1950 年代反共的麦卡锡主义，后者是通过对约翰逊政府的国防部长麦克那马拉的访谈，再次反思越战。

　　令我感慨的，与其说是这些文艺作品本身，不如说是西方政治文化中公众对政治家过错"耿耿于怀"的态度。尼克松 30 年前的错误、约翰逊政府 40 年前的错误、麦卡锡 50 年前的错误，并没有随着时间的流逝而在公众的记忆中消失。虽然尼克松、麦克那马拉、麦卡锡在世时就都受到了政治的、舆论的惩罚，他们并没有因此得到救赎，几十年来人们从来没有忘记向已经落入"井底"的他们不断扔"石头"。

　　就拿尼克松来说，水门事件之前，尼克松几乎可以被列为美国最伟大的总统之一，他推行东西阵营之间的"缓和"外交，和苏联一同协商军备削减，推进和中国的外交，着手结束越南战争，国内政策上制定一系列有关环保、劳工保护、社会保障的开明政策，深得人心。这也是为什么1972年的总统选举中，尼克松能够在50州中的49个州赢得胜利，以罕见的绝对优势重新当选。

然而水门丑闻将这一切粉碎。

要许多习惯领导特权的人来说，美国总统，这个据说全世界最有权力的人——对竞选对手进行窃听，好像不是什么大不了的丑闻。在同一时代的中国"文革"里，还几亿人受到窃听、相互窃听、窃听完了如发现反动言论还劳动改造甚至人头落地呢。但是美国社会没有这种"宽容"，也懒得对尼克松来个"三七开"，支持率的自由落体、弹劾的压力甚至入狱的威胁，迅速将尼克松抛入历史的垃圾堆。用"佛罗斯特/尼克松"这个话剧结尾的一句话来说就是：下台以后，尼克松一直极力扳回他的形象，但是没有用，到今天他唯一的遗产，就是让所有的政治丑闻后面多了"门"这个字眼。

"不忘记、不原谅"的表现，就是各类文化产品中反思主题反反复复的出现。拿水门事件来说，电影《尼克松》、《迪克》、《所有总统的人》、《我的美国同胞》都有对水门事件的再现和反思，电视片《辛普森》、《X档案》、《福图拉马》、《爱家男人》、《什么都不信》、《星期六现场秀》中也都有反映水门事件的剧情，至于歌曲《迪克完全是个屁眼》、《美丽的可怜虫》，一看标题就知道有多么寒碜尼克松。当然，文化产业对政治错误最不依不饶的典型，还是越战的"文化工业"。且不说书籍、电视、歌曲、漫画等，就拿电影一项来说，作品就已经汗牛充栋。奥利弗·斯通的越战三部曲《野战排》、《生于七月四日》、

《天与地》是最信手拈来的例子,《现代启示录》、《逐鹿者》、《杀戮场》同样经典,至于不太经典的,比如《越战突击队》、《草莓宣言》、《归乡》、《越南血战史》、《越战家书》、《早安越南》、《前进高棉》、《汉堡高地》等等更是不计其数。

可以看出,在人类天生的健忘倾向面前,文化产业主动承担了守护记忆、背负记忆、传载记忆的责任。面对权力,社会可能手无寸铁,但是至少还有记忆。相比之下,中国有多少文艺作品在守护我们的集体记忆呢?越战之中美国阵亡士兵不到六万,就引起了如此波澜壮阔的文化后果,中国的"三年自然灾害"死亡成千上百万,我们有几个电影反映出那些苦难?(与麦卡锡主义时代接近的但迫害程度惨烈得多的中国扩大化"反右",又引起了多少文化上的回音?)面对十年动乱的"文革",我们的奥利弗·斯通在哪里?我们的《晚安,好运》、《战争的迷雾》、《佛罗斯特/尼克松》在哪里?权力固然封锁了记忆,但是社会本身、公众本身又有多少回忆的冲动、诉说的冲动、用历史的火炬去照亮未来的黑暗的冲动?

对于历史的伤痛,我们习惯于说"过去的就让它过去吧,何必揭历史的伤疤";对于哪怕影射这一伤疤的文艺作品,我们涂抹着解构主义、荒诞主义、后现代主义的口红的嘴又说,"这种宏大叙事是多么的土气"。但是,如果对生命和痛苦的漠视可以体现在我们对待历史的态度里,它同样可以体现到我们对现实的态度里。事实上,当我们的文艺作品用五光十色的豁达、诗意、颓废、华丽、放荡、恶搞,以及最重要的沉默,去包裹怯懦时,它正体现在我们对现实的态度里。

当然,《佛罗斯特》、《晚安》、《迷雾》这样的作品集中出现在这几年,绝非巧合。显然,这些作品的编剧导演都或多或少有影射当代政治、尤其是伊战的企图。《佛罗斯特》中对窃听的讽刺,暗合美国政府伊战以来的"反恐"窃听政策;《晚安,好运》中对"恐共症"的批判,也可以被理解为对"9·11"以来"恐穆斯林症"的影射;而《迷雾》对战争的反思,几乎就是对伊战的直接批评。也许,历史的妙处正在于此:它不仅是关于过去的事件,还可以是关于现实和未来的寓言。

就这样被你笑话

"为了解决非法移民问题，国会刚刚批准通过了一个法案，该法案提议在美墨的 2000 英里的边境修建一条长达 700 英里的隔离墙。你看，这就是让布什总统做数学的后果……自从布什在八国首脑会谈中说脏话这个事情被抖出来之后，很多人觉得受到了冒犯，说实话，你们觉得受到冒犯了吗？我倒觉得布什吃黄油卷饼的吃相才真正让人受到冒犯呢……"

这是一个普通的夜晚，十一点半，美国 NBC 一个叫"深夜秀"的电视节目中，一个下巴很长的男人，又在对布什的嘲讽中，开始了他一天一次的脱口秀节目。

这个几乎每天晚上总能整出几个"布什笑话"的节目主持人，叫 Jay Leno。当然，他不是唯一一个讲"布什笑话"的电视主持人，其他几个最著名的脱口秀节目的主持人，比如，Daivd Letterman, Connon O'Brien, Jon Stewart, Stephen Colbert, Bill Maher，每天也在马不停蹄地调侃布什。在美国的"脱口秀"界混，不讲布什笑话，就跟去竞选世界小姐却不肯穿泳装一样,根本不可能赢得民心。

如果我是美国总统,可能都不敢打开电视。这么多大大小小的节目,成天拿自己开涮。随便打开一个台,骂自己的。换一个台,又是骂自己的。再换一个台,还是骂自己的。

不但不敢看电视,杂志、报纸也不敢随便翻。今天新闻发布会上犯了一个语法错误,三年后报纸上的漫画还在说这事。明天民意调查降了两个百分点了,后天整个媒体都在幸灾乐祸地瞎起哄。

布什可能是有史以来被恶搞最多的美国总统

就是不看电视报纸，人家还可能跑到你家里来调侃你。4 月份的白宫新闻记者招待会上，脱口秀主持人 Stephen Colbert 作为发言代表之一，干脆指着布什的鼻子嘲讽了近半个小时。他说，"据说最好的政府是管得最少的政府，按照这个说法，我们美国已经帮助伊拉克建立了最好的政府"。他还说，"总统先生，现在报纸上说你的支持率才 32%，别理那些老说瓶子半空着的人，其实，瓶子哪里是半空的，三分之二都是空的"。

布什能怎么办呢？既不能派人把他给抓起来，也不能说人家"太简单，有时候幼稚"，只有坐在台下跟着别人傻笑，被打碎了牙还得往肚子里吞。

关于布什的笑话，可以分为几类，一类是嘲笑他的智商和文化水准的。比如，David Letterman 的笑话，"今天白宫传来了好消息，说布什总统已经通过了年度的身体检查。不过目前,大脑检查方面还没有消息"。一类是骂他的外交政策的,尤其伊战政策的。比如,还是 David Letterman 的笑话,"本周初,布什悄悄潜入伊拉克进行访问,不过我说,要不我们也悄悄潜出伊拉克怎么样?"还有一类是骂他的国内政策的,比如骂他面对卡特里娜飓风袭击,反应过于迟缓。Conan O'Brien 的笑话,"今天是卡特里娜飓风一周年纪念,也是布什总统发现这个飓风半周年纪念"。甚至有一类笑话,完全是调侃他的私生活,"劳拉·布什这个周末跟克林顿在一起开一个会。布什说,他对此没什么意见,那我们等着瞧吧,等她反穿着裙子、神色慌张地回来时,看布什还会不会这么想"。

面对这种排山倒海的开涮,如果说布什有什么可以聊以自慰的,就是他不是唯一被调侃的政治家。克林顿、戈尔、切尼、凯瑞……也都时不时被各类媒体拎出来油煎煮炸。布什实在是气不过的时候,可以看看别人,尤其是他的竞争对手如何被调侃,也算是出一口恶气。

若按照我们中国人的思维方式,一个泱泱大国首脑,成天被一帮戏子当芙蓉姐姐拿来开涮,连老婆孩子都不放过,成何体统?其实,说这话的人扭头看看美国,戏子们成天拿政治家开涮,天也没有塌下来,地也没有陷进去,布什从 2000 年到 2004 年被笑话了 4 年,到了总统大选的时候,还是照样给选上去。把牛鬼蛇神放出来,其实也不是那么可怕的事。观念的市场里,有各种各样极端的声音,但只要没有国家机器的压制或者煽动,老百姓的意见,总会通过一番摇摆,回归中庸之道。相反,把牛鬼蛇神死死关进盒子里不让透气,民意反而像个不断升温却没有出气口的高压锅一样,慢慢凝聚越来越危险的压力。

从另一方面来说,"戏子们"对政治家们极尽打击调侃之能事,也未必就是在实话实说,也有商业上哗众取宠的需要。不笑话政治家笑话谁呀,民众就爱看这个。你权力比别人大,挣的比别人多,走到哪里都有人前呼后拥,还有无数的小实习生跟你献殷勤,不损你损谁?

后来我就渐渐琢磨出一个道理,一个开放社会和不开放社会最大的区别之一,就是政治家,乃至一般的公众人物,是不是足够"皮厚"。从普通民众的角度来说,我当然是希望政治家们很皮厚。有笑话听的好处就不说了,关键是,在一个指着总统的鼻子骂都不会被关进监狱的社会里,普通人会有更大的安全感,而安全感是人类的基本需求之一。这两天读《大明王朝纪事》,里面有个细节,说是徐达的夫人张氏跟朱元璋的夫人马氏顺嘴说了一句话:"都是穷人过来的,我家现在可不如你家"。这话被朱元璋听到,气急败坏,派人把张氏给杀了。这事让我觉得,朱元璋这人,显然不够皮厚。被这么小小地酸一下,就把人给砍了。他要皮厚一点,就会少一个人头落地。事实上,依此类推,会少很多人头落地。所以说,作为一个普通人,如果让我选择住在明朝还是今天,我会一个箭步冲向后者,并且死死把住门框不肯撒手。

怎样保护弱势群体

　　山西黑窑事件曝光之后,关于弱势群体的话题再次成为社会各界关注的重心。有人说黑窑事件反映了"原始资本主义的黑暗",有人说它反映了人性的沉沦,有人说它是地方治理危机的表现……但是不管人们从黑窑事件中看到了什么,大家都异口同声认为,这个可以成为国耻的事件不是个别的、偶然的,而是制度的问题。

　　在一个以社会主义立国的国家里出现奴工,不得不承认,我们的制度生病了。

　　如何给制度治病? 也许有人会说刹住市场改革的车轮,或者加强政府监管的力度,或者撤掉一批地方官员的职务……这些都不无道理,但是在我看来,保护弱势群体最有效的方式,莫过于增强弱势群体的"自组织"能力。

　　如果我们留心山西奴工获救的报道,我们读到的是"媒体曝光"、"惊动中央"、"领导指示"、"警察出动"、"网民愤慨"……唯一缺失的,反而是那些奴工自己的声音。但是仔细想来,当各级官员、地

哈佛学生声援被解雇的清洁工。图中标语为"哈佛学生支持为清洁工讨回公道"

方警官、媒体记者甚至普通网民都争先恐后地"代表"弱势群体时，难道能有谁比弱势群体更能代表他们自己？

我来讲一个哈佛大学清洁工的故事吧。

2006 年 9 月我刚到哈佛时，路过学校的一栋楼，看到一堆人站在门口大呼小叫。凑近一看，原来是一个游行示威，抗议哈佛大学解雇一个清洁工。

回家以后，我上网查了一下，原来是这么回事：2006 年 6 月底，哈佛大学一个叫桑特利·保尔的清洁工在工作时间晕倒在走廊的沙发上。7 月初，哈佛设施管理处以"上班睡觉"的名义解雇了他。事实上，保尔之前一段时间已经有晕厥的病史，在保尔向哈佛出具自己的病历之后，哈佛坚持解雇保尔。

保尔这时候怎么办呢？他是一个标准的"弱势群体"：清洁工本

来就是社会的最底层,何况他是一个连英语都不会说的海地移民,而且他所面临的对手是世界头号名校哈佛大学。

保尔找到了他的"组织":服务业雇员国际工会(SEIU)地方分部。

SEIU立即对哈佛大学发出了抗议。在哈佛没有做出恰当回应之后,SEIU一边将此案提交劳工仲裁,一边积极组织游行示威。我那天碰到的,恰好是最大的一次游行。值得指出的是,那场游行的参与者不仅仅是工会成员,还有不少哈佛的教授和学生。一个叫"学生劳工行动"的学生组织尤其配合SEIU,在校内动员学生并且给校报组织发稿。这个组织几年前也曾经为提高校内清洁工的工资而抗议示威过。

出于好奇,后来我跟踪了相关报道。

在工会、学生的压力下,哈佛大学所在的坎布里奇市市政府也作出了反应。9月25日,坎布里奇市议会全票通过决议,支持保尔先生的权利主张,呼吁哈佛大学重新雇用保尔,并且补偿他的工资和医药费损失。有立法委员干脆直接批评哈佛大学"根本没有实践它在课堂上教育学生的道理"。

哈佛大学迫于压力不得不跟SEIU以及保尔本人展开谈判,谈判结果是:保尔10月之后恢复上班,过去4个月的工资以及医疗费用由哈佛补偿。可以说,在一个无权无势的海地清洁工PK有钱有势的哈佛大学的案例中,清洁工保尔取得了胜利。

现在我们来回顾一下保尔之所以取得胜利的几个"要素":第一,独立工会的及时帮助。这里说的工会,不是高高在上的、与政府界限模糊的、工人们都找不着的工会,而是"外来民工"一个电话它就会开始行动的工会;第二,哈佛大学内部学生劳工组织对外部工会的接应;以上两个条件都基于社会群体结社的自由。第三,集会的自由。SEIU 组织的几次游行示威对于吸引公众关注、给哈佛施压起到了重大作用;第四,对劳工呼吁有灵敏反应的地方政府。

最核心的要素,就是一个独立工会和它的结社、集会、言论自由。可以说,不是政府,不是警察局,不是媒体,不是网民,而是 SEIU 这个独立工会,让保尔的"四两"拨动了哈佛的"千斤"。

与山西黑窑里那数以百计的奴工相比,一个美国"民工"的被解雇几乎可以说是"鸡毛蒜皮"。既然"鸡毛蒜皮"都可以动员出如此强大的社会组织资源,一个有着强大自组织能力的社会又怎么会对"现代奴隶"这样的滔天罪行坐视不管呢?

对于手无寸铁的弱势群体来说,最强大的资源就是莫过于自己的组织。弱者需要政府来保护他们,但是他们更需要的,是政府允许他们保护自己。

可悲的是,很多时候社会的这种自组织能力不但没有得到鼓励,反而被阉割。民间劳工 NGO 受到打压、劳工活动带头人被捕、民间维权人士被说成是"外国势力操纵的黑手"、工厂独立选举的工会被破坏等等。当社会的自组织力被政治和资本的力量联手瓦解,今天出现这样的奴工场景难道有什么可奇怪的? 让一个自由人和一个被五花大绑的人拔河,被绑的人摔得鼻青脸肿,难道有什么令人震惊? 更重要的是,如果我们"社会各界"当初从来不曾为弱势群体的结社、集会、言论自由努力,甚至默许对这种努力的打压,今天我们是否真的有资格感到愤怒？也许我们更应该感到的是羞耻，而不是愤怒，因为当初的沉默已经使我们不知不觉成了这个罪行链条中的环节之一。

从问题到议题

一个社会总有各种各样的问题,但并不是每一个问题都会成为政治家面前的议题。比如,中国的农业税赋问题、城市流民收容遣送问题就有幸成为了政治议题,从而得到解决。但是高考分数歧视制度、电信垄断、公款吃喝等等,却似乎没有成为迫在眉睫的政治议题,近期也无望得到解决。

一个"问题"在众多"问题"中脱颖而出,上升为一个"议题",背后往往有一个政治过程。在中国,这个过程常常依靠政治家的"慧眼"作随机性选择。而美国的政治家如果没有这个"慧眼",各种社会力量就逼你打开这只"慧眼"。

最近"全球变暖"问题成为美国政治中的一个重要议题,就是一个例子。

奥尔森有一本名著叫《集体行动的逻辑》,其中心思想用大白话来说就是"三个和尚没水喝":当一件事情受益者人数越多,由于"搭便车"心理,人们主动去做这件事情的动力就越弱。按照这个逻辑,

▲ 美国民众为全球变暖问题发出抗议。图中标语为
"环境正义，现在行动"

▼ 密歇根民众就全球变暖问题向自己的议员发出呼
吁。图中标语为"阿普顿议员：我们的未来在你的
手中，阻止全球变暖！"

公民社会篇

75

"全球变暖"这样的问题,是最不可能变成政治议题的,因为在这个问题上,全球有 60 多亿"和尚",谁也不愿意去主动"挑水"。

事实上,许多国家的确采取这种"和尚"态度。比如,虽然中国现在已经成为了二氧化碳排放量世界第一的国家,但为了保持经济发展的速度,中国一再重申二氧化碳减排主要应该是发达国家的义务,中国对此不做具体限排承诺。美国的布什政府也一直持这种推诿态度,在全球已经有 169 个国家加入控制全球气候变化的《京都议定书》之后,美国仍然拒绝加入,不对排污量进行强制性设限。

但是最近,事情正在起变化。

首先是布什自己在 2007 年的国情咨文中第一次提到了全球变暖问题,并明确倡议美国在未来 10 年之内减少汽油使用量 20%,从而减少美国的二氧化碳排放量。其次,国会也开始重视这个问题,目前国会里与全球变暖相关的议案有十几个,其中要求对美国排污量强制性设限《气候监督与创新法案》最显眼。最后,参选 2008 年总统竞选的几位热门候选人希拉里、奥巴马、麦凯恩等等也纷纷在全球变暖问题上表态,争先恐后表达自己解决该问题的决心。并不是每个议题都会带来问题的解决,但是从政治过程上来说,一个问题变成一个热门议题,这本身就是一个胜利。

那么,全球变暖在美国政治中从问题到议题,这中间有什么力量在推动?

先看"问题"是什么。科学家已经基本达成共识,全球正在变暖,并且几乎可以肯定,这种变暖趋势是由于工业时代二氧化碳排放量不断增加造成的。据统计,人类有气象记录以来 20 个最热的年份,19 个都是在 1980 年之后。2006 年是美国记录上最热的一年。2007 年 1 月是记录上全球最热的 1 月。科学家警告说,如果全球照此速度持续变暖,到 2100 年,全球气温将升高 3.2 到 7.1 华氏度,融化的冰山将使海平面将上升 7 到 23 英寸。可以想象,照此发展,几百年后,农业生产将受到毁灭性影响,抬高的水位将淹没沿海城市,飓风海啸也将越来越频繁。总而言之,地球如果失去冬天,人类也就走向了毁灭。

这样严重的前景,如果政治家不去面对它,那么整个社会就要动员起来,"逼迫"他们去面对它。

在这方面,美国社会近来最显眼的一个动作,就是 2007 年的纪录片《难以面对的真相》。这个纪录片由前副总统戈尔参演,获两项奥斯卡提名,戈尔本人也因此获诺贝尔和平奖。该电影将全球变暖从一个"隐隐约约"的问题,变成美国的一个"客厅话题"。电影放映之后,戈尔又发起了"气候工程"项目,训练了 1000 个志愿者在全国巡回讲演,提高社会的气候意识,这些讲演者(包括卡麦隆·迪亚兹这样的电影明星)保证一年要做 10 个这样的演讲。

虽然《真相》一片出尽风头,无数草根组织却一直在为此默默行动:美国 30 多个青年组织发起了一个"校园气候挑战"的活动,目标就是首先在他们的校园里争取"清洁能源";一群科学家开创了一个"气候变化博客",专门向大众普及相关知识;老牌环保组织"捍卫环境"最近将"全球变暖"作为其核心活动内容;86 个基督教领袖发起了"基督教气候动议",要求国会管制二氧化碳排放;一个民间组织筹划了美国第一个全国性的"气候示威",在 2007 年 4 月举行;新闻媒体相关报道层出不穷,仅《时代》杂志,2000 年以来就有四期封面故事是关于全球变暖问题的;甚至连那些排污主体,一些大公司,也在没有政府"胁迫"的情况下,主动加入相关行动。比如,包括通用、英国石油在内的十个知名企业发起了一个名叫"行动呼吁"的活动,主动给自己的企业排污设限,与此同时,沃马特商场开始安装风力发电机,汇丰银行开始往"绿色投资"方面倾斜等等。

正是因为社会的各个角落在行动,民意开始觉醒,2006 年的一次民意调查显示,87%的民众认为政府应该鼓励或者规定二氧化碳减排,58%的民众认为政府做得太少了。民意至此,政府已经无力违拗。虽然联邦政府仍然拒绝用法律的手段限排二氧化碳,但它已经开始通过科研投资、政策倾斜来引导控制排污,同时,鉴于美国联邦体制里的"上下分权",美国已经有 358 个市长签订"美国市长气候保护协定","我行我素"地在自己的城市适用《京都议定书》。

可以看出,全球变暖在美国从一个社会问题变成一个政治议题,并不是因为政治家"独具慧眼",而是因为民间团体、新闻媒体、科学界、基层政府、企业、教会等等草根社会风起云涌的行动。一句话,因为一个活跃的公民社会。虽然中国是排污大国,对全球变暖"贡献"越来越大,我却不知道中国什么时候会有大学生组织自己的"校园气候挑战"、会有知名企业联合行动主动限排二氧化碳、会有无数媒体争相报道全球变暖主题,从而将这个社会问题变成我国的政治议题。"和尚们"可以永远互相推诿下去,但是当抬高的水位开始淹没城市时,它可不分太平洋东岸西岸。

他人瓦上霜

　　如果有 20 万人在你家门口被打死、被强暴、被迫害、被赶出家门,你会感到什么呢? 如果你有基本的正义感,应该会对施暴者感到愤怒,会有帮助弱者的冲动,或至少为自己不能够帮助他们而自责和羞愧。但是如果这 20 万人是远在万里迢迢之外呢? 远到非洲呢? 确切地说,远到一个你可能从来没有听说过的地方苏丹达尔富尔呢?

　　从 2003 年初开始到现在,据联合国的数据,苏丹的武装冲突已经导致了 40 万人的丧生(一般国际组织的统计人数在 20 万—40 万之间,苏丹政府自己的数据是 1 万,这篇文章暂且采用 20 万的数据),其中无数的死亡并不是武装冲突本身的结果,而是由苏丹政府支持的"加宁韦德"组织针对达尔富尔地区的非阿拉伯平民的袭击所致。虽然联合国仍然采用"人道主义灾难"来形容达尔富尔危机,但是世界上一些主要的媒体和国际组织都将它定性为"屠杀"或者"种族清洗"。

美国民众为达尔富尔人道危机而走上街头。图中标语为"呼唤你的良知"

　　而我们大多数人不会有任何感觉。该吃饭吃饭，该睡觉睡觉，该看"快男"看"快男"。

　　但是，如果仔细去深想的话，你也许会产生些许不安：难道你家门口的那20万人，生命比达尔富尔的那20万人更宝贵？难道我们能够仅仅用自己"看不见"去为自己的冷漠辩护？问题是，在一个信息全球化的时代，一个网络世界已经大大削弱信息封锁效力的时代，所谓的"看不见"其实仅仅是选择性失明而已。

　　的确有人感到了这样的不安，所以我们才看到在美国，这个同样距达尔富尔万里迢迢的地方，竟然有成千上万人在吃饭、睡觉、娱乐之外为达尔富尔人的命运呼吁。不但要扫自家的"门前雪"，还要去管他人的"瓦上霜"。

　　美国为达尔富尔呼吁的组织里，最有号召力的是"拯救达尔富尔联盟"。它 2004 年 6 月成立,由 160 多个非政府组织结盟组成,目的是提高美国社会对达尔富尔危机的认识程度、敦促政府采取更多的干预行动。2006 年 1 月,该联盟发起了"为达尔富尔发出一百万个声音"的行动,号召 100 万个人给布什总统发明信片,要求美国政府为阻止屠杀、保护平民采取更积极的行动。到 6 月底,该活动成功结束,第 100 万个签名的人是希拉里·克林顿。

"拯救达尔富尔联盟"还与其他组织合作,于 2006 年 4 月底在华盛顿举行了"拯救达尔富尔"的集会示威活动,要求增强联合国维和行动和国际救援行动。集会中有很多政界要人,也有乔治·克鲁尼这样的电影明星闪亮登场,但最重要的是,有 10 万普普通通的美国人参加集会,发出了自己的声音。同年 9 月,纽约市也举行了类似的集会。

除了"拯救达尔富尔联盟",还有其他组织团体也在积极行动。比如"屠杀干预网络",专门致力于动员群众给本地的国会代表施压,"提高政治家对屠杀保持沉默的成本"。它给政治家们的"达尔富尔表现"建立了一个打分系统,积极支持经济团体对苏丹撤资,批评美国政府对维和行动支持力度不够,最近又发起一个"询问候选人"的活动,"逼迫"2008 年总统候选人在达尔富尔问题上表态。再比如"学生立即行动:达尔富尔"组织,主要通过学生的力量来给政治家施压。2005 年 11 月,学生们通过给参议院外交委员会主席卢格的政治捐款人施压的方式,加速了国会"达尔富尔和平与责任法案"的通过;2006 年 4 月 28 日,850 个学生参与了"学生游说日"活动,从全国各地来到华盛顿,和他们的国会代表举行会谈;同时,到目前为止,学生们还成功地推动了30所大学和8个州断绝与苏丹的投资关系。其他像"大屠杀纪念馆"、"人权观察"、"伊斯兰救援"、"医生无国界"等等组织,都纷纷以各种方式采取了行动。

表现达尔富尔主题的文艺作品也开始出现。流行美剧《急诊室》、《西翼》、《第七天堂》都有与"达尔富尔"相关的剧情。反映达尔富尔危机的电影、音乐、漫画、书籍也都纷纷出台。2006年12月的一个民意调查显示,62%的美国人认为政府应该把阻止达尔富尔屠杀当作一个优先政策,在外交政策上,其重要性仅次于伊拉克问题。正是因为来自民间的这种压力,加上达尔富尔本身的严重事态,美国政府对达尔富尔危机采取了一些积极干预的行动。从2006年8月"达尔富尔和平与责任法案"的通过到布什政府对冲突双方的几次调停,从公开谴责苏丹政府到对苏丹政府实行经济制裁,一定意义上都可以说是民间努力的结果。

当然,仅仅用"心地善良"来解释这些去扫他人"瓦上霜"的"非理性"行为是不够的。这种风起云涌的人道主义关怀,很大程度是活跃的公民团体动员能力的表现,而不仅仅是民间自发的热情。就算民间能够自发地迸发高度热情,这种热情的"可持续发展",往往要依靠民间团体的机构力量。10万人为了"远处的痛苦"而聚集到白宫面前,绝不可能是谁一挥胳膊就能实现的,只有公民社会发达的组织资源才能让一盘散沙的社会在必要时迅速"凝结"起来,并且通过源源不断的"创意"给人们冷却下去的激情加温。当然,发达的公民团体也绝不是天上掉下来的,它是政治自由、政策导向、一定的经济水平、长期的公民意识教育的结果,一句话,美好的人性源于美好的制度。

　　美国社会对达尔富尔危机迸发的异乎寻常的热情，也与当年的卢旺达屠杀有关。1994 年春夏之交卢旺达有近 50 万—100 万人被屠杀，无论是联合国还是美国都没有及时采取行动干预。美国社会始终对其当初的沉默所带来的恶果不能释怀，所以在一定意义上，这次面对达尔富尔危机的激烈反应，可以说是美国社会"赎罪"的一种努力。

　　在所有的杀人武器中，沉默无疑是最凶猛的。当苏丹总统巴希尔用主权理论将联合国维和部队描述成"殖民主义势力"时，他是在试图给人类的恻隐之心划一个国界。而当那 10 万个人站在广场上为远处的痛苦呐喊时，他们仅仅是在表达人类天然的同情心，他们在说，在一个全球化的时代，一个无法用选择性失明为冷漠辩护的时代，我们只能做世界公民。

哗众取宠主义

如果我想证明文化"资产阶级自由化"的恶果,就会端出杰瑞·斯布林格秀。

这是美国的一个"谈话节目",由一个叫杰瑞·斯布林格的人主持,据说在美国白天的各种电视节目中,收视率名列前茅。叫它"谈话节目",显然是美化它了,因为这个节目的大部分时间是嚎叫和斗殴。

听听这个节目的一些经典标题,就大概知道它是怎么回事了:"我和我妹妹睡了","你不是孩子的爸爸","我其实是个妓女","我和你最好的朋友上过床了","为了吸毒,我抛弃了自己的孩子","我其实是个男人"等等。

一般来说,这个节目的程序是这样的,一个"有肮脏秘密"的人A,比如一个水性杨花的女人——往往是个底层的蓝领或者吃救济饭的女人,把被她欺骗的人B,她老公——往往是另一个底层的蓝领或者吃救济饭的男人——请到演播室,向他坦白自己的秘密,比如,

杰瑞·斯布林格

"你其实不是孩子的爸爸",B往往勃然大怒,破口大骂,"你怎么能这样！啊,你怎么对得起我！"两人架还没吵完呢,第三者C,也就是孩子的亲爸爸——往往是又一个底层的蓝领或者吃救济饭的人,突然也出现在演播室里,B和C两个人于是扭做一团。这时候,几个高大壮实的保安D,就跑出来,象征性地拉拉架,但实际上,是怂恿他们接着打,只要别打死人就行。与此同时,观众在台下大喊:"杰瑞！杰瑞！杰瑞！",也就是"加油！加油！加油！"的意思。有时候,他们也喊:"婊子！婊子！婊子！""把裤子脱了！把裤子脱了！把裤子脱了！""使劲打！使劲打！使劲打！""草包！草包！草包！"有时候台上的人被观众激怒,他们又会跑到观众席上揪住某个喊得特别来劲的E开打。

你看，最后，A 打 B，B 打 C，D 打 BC，ABC 打 E。整个杰瑞·斯布林格秀，就是一团混战。所有人，台上的，台下的，打得喊得跟吸了毒一样 high 的时候，无数电视屏幕下面的观众，也看得如痴如醉。

就这么一个"秀"，在美国一播就是十几年。

多么生动的反面教材啊，如果我是刘忠德先生，肯定会说，你们不是要低俗文化吗？不是要让精神文明放任自流吗？不是要自由化吗？这就是自由化的恶果。

这的确是自由化的一个恶果。杰瑞·斯布林格秀曾经数度被《电视导播》杂志评为"最差的电视节目"。差是一件丢人的事，但是"最差"，那就是"差"出了水平，"差"出了境界，那就是一项成就了。难怪杰瑞·斯布林格反复在节目中自豪地宣称这一地位。

如果整个美国仅仅一个杰瑞·斯布林格秀，也就罢了，但事实上，美国还有无数类似的节目，它们只是"欲最差而不得"而已。比如 Maury Povich Show, Jenny Jones Show, Ricki Lake Show，都是温和版的杰瑞·斯布林格秀。其他有些节目，虽然形式不同，但是赢取收视率的原理，都大同小异：要耸人听闻，要哗众取宠，要刺激观众的神经。比如另一个收视率很高的节目 Fear Factor，其中有一个程序，就是让参赛者吃恶心的东西，这周是鹿的睾丸，下周是活的蟑螂，再下周是机器炸出来的老鼠粥。比如还有一个约会节目，叫 The Fifth Wheel，两男两女加"第五者"约会，三个女人为了赢得两个男人（或者三男抢两女），往往就得使尽浑身解数，能有什么解数？反正节目还没演几分钟，电视屏幕上就充满了大腿、屁股、乳房什么的。还有一些摔跤的节目，警察抓人的节目，都是属于"感官刺激主义"的范围。

　　这些以严重刺激感官来吸引眼球的手法，用英语里的一个词来说，就是"sensationalism"。我把它称成"哗众取宠主义"。

　　对这种"哗众取宠主义"的电视节目，有识之士们自然痛心疾首。堕落啊，肤浅啊，恶俗啊，精神污染啊，文化快餐时代人文主义的沦丧啊，这些我们经常从国内媒体上听到的词汇，在美国的评论圈子里也屡见不鲜。当我们对着"超女"这种在美国可以算得上"积极向上"的电视节目大喊"狼来了"的时候，美国的电视观众倒真是面对着一群群满嘴血腥的真狼。

　　甚至有些评论家批评这种节目里面蕴含的"政治阴谋"。据说，此类节目归根结底是拿穷人的苦难开涮，把他们给表现得又笨又懒又丑陋，从而转移他们所面临问题的社会根源，为当前的社会政治体制辩护，从而建立了资产阶级所谓的"文化霸权"。

但是当有识之士责怪电视制片人的时候，制片人则责怪观众。谁让观众爱看呢?! 节目再烂，收视率不在这儿摆着嘛? 要知道，斯布林格本人可并不欣赏他自己的节目。他经常跟人说，这个秀很蠢，他很少看自己的秀。他本人其实也是一个聪明人，法律系的高材生。以前曾经是美国辛辛那提市的民选市长。在杰瑞·斯布林格秀之外，还主持一个非常正统的政治广播节目。据说在考虑竞选参议员。

"感官刺激主义"的确是文化市场化、大众化内在逻辑的必然结果。竞争的逻辑导致文化产品制造者要不断突破底线，无论从好的方面，还是坏的方面。去年的某个电影上，好人打死一个坏人，今年就得用枪扫射一片坏人，后年就得像"Kill Bill"那样，把人打死还得把眼球挤出来踩上一踩，大后年，连故事都不要了，电影屏幕上只要出现两个人，就是在互相砍砍砍。

但是，如果说自由是一枚硬币的话，你不可能只得到它的一面去退还它的另一面。精神的自由是一片阳光雨露，它可以养育出玫瑰，也可以养育出罂粟。如果为了给文化"消毒"而消灭"精神的自由"，也就是为了消灭罂粟而消灭阳光雨露，那么玫瑰也必将不保。别忘了美国的文化土壤养育出杰瑞·斯布林格秀这样的"变态秀"，但是同一片土壤，也养育出了像"探索"这样的优秀科普节目，PBS这样的知识频道，《国家地理》这样世界各国争相模仿的杂志，欧普拉秀这样倡导人文精神的电视谈话节目，世上最丰富的音乐流派和艺术展出等等。在某种意义上,每天在卡内基音乐厅上演那些"高雅艺术"演出,和斯布林格秀的那些镜头,是同一个母亲的两个孩子。同理,在中国的一定特定年代,比如反右之后,当然不会有斯布林格秀这样的变态秀,同时那个年代也不会产生像鲁迅、沈从文那样有个性的作家。

当然我们可能会说,既然是罂粟,何不把它给除掉,留着它毒害人民干嘛。问题是,文化产品中的罂粟可不像植物界的罂粟这么清晰可辨,每个人都有自己的罂粟和玫瑰。你的罂粟可能是他人的玫瑰。当一个人将自己的标准强加于整个社会,他破坏的必然是自由的土壤,而被破坏的土壤,可能再也无法给玫瑰供给营养。

何况一个社会的免疫力,并不总是来源于政府注射的疫苗。就拿杰瑞·斯布林格秀来说,根本不用政府严令禁止,大部分人提到这个秀都是叹气摇头。人民群众不是傻子,没有自己的思考能力和判断能力,就算人民群众有时候把它当一个笑话来看,这也不意味着人民群众只有看笑话的能力和兴趣。不是说文化产业要不断满足人民群众的不断发展的需要吗? 谁说人民群众只需要"天鹅湖"和"莫扎特"呢。

事实上,斯布林格秀,以及其他"感官刺激主义"的文化产品横行这么多年,也并没有造成了文明的腐化堕落。相反,它发展到一定程度,"伎俩"用尽之后,只是让人麻木。麻木之后的人们,还是想回归细腻、美感、智慧。无非就是个打打杀杀呗,无非就是个露呗,无非就是个恶心呗,这些东西,发展到一定时候,只能依靠不断自我重复。与其通过政府花时间精力去打击,不如放任自流,让人民群众看穿、唾弃、远离。

其实还是斯布林格自己说得好："这就是个电视节目而已，又不是西方文明的末日。"一个不太高雅的电视节目，但也不至于是世界末日。你可以用痛心疾首的语气说，资产阶级自由化走到头，就是这个样子！也可以用一种如释重负的语气说，原来资产阶级的自由化走到头，也不过就是这个样子。

大学向左，草根向右

以前跟国内的朋友聊天，他说：我很欣赏美国那些敢于批评布什政府的左翼知识分子，因为在美国这样的国家，做一个左派需要非凡的勇气……我立刻纠正他，你说错了，在美国知识分子圈子里，尤其在高校里，做一个左派是非常时尚的事情，做一个右派才需要真正的勇气。

先从我的母校，哥伦比亚大学发生的一件小事说起吧。

哥大一个共和党学生组织邀请了一个叫约翰·吉尔克里斯特的人来演讲。这个吉尔克里斯特，是"民兵"组织的发起人。这个组织专门招募志愿者，在美墨边境巡逻，阻挡非法移民从墨西哥入境。近年来非法移民问题是美国的一个热点问题：右翼势力倾向严格禁止非法移民入境，左翼主张更宽松的政策。吉尔克里斯特来哥大讲演，无非是来宣传他在移民问题上的右翼主张。

本来这应该是一个很普通的校园活动吧。不，让你个老右来放毒，哪有这么便宜的事。演讲之前，该活动的广告就被撕扯、涂抹。

▲ 哥伦比亚大学学生冲向讲台，用暴力将演讲者吉尔
克里斯特赶走

▼ 吉尔克里斯特的演讲引起哥伦比亚大学学生的强
烈抗议。图正中标语标题为"所有移民都应得到公
民权！把种族主义的民兵成员赶出去！建立一个
革命工人政党！"右下角标语为"民兵黑手党从纽约
滚蛋！"

演讲那天,很多学生在讲演厅门口示威,身着 3K 党白大褂讥讽"民兵"组织。主持人一开讲,就有人不断起哄喝倒彩,有的人干脆背对讲台示威。等吉尔克里斯特开讲时,一群学生干脆冲上讲台,砸桌子椅子,双方发生肢体冲突,最后吉尔克里斯特不得不仓惶逃走,示威学生们则高喊着胜利的口号打出一条横幅:没有非法的人。

这个情形虽然极端,但却一定程度上代表了美国高校校园里的左右势力处境:左翼趾高气扬,右翼垂头丧气。

这里先停顿一下,说说在当代美国的"左""右"含义。这个分野有三个方面,第一,外交事务上,一般右翼倾向于扩张性外交,传播美国价值,强化美国地位,支持伊战;第二,经济事务上,右翼一般主张自由贸易,削减福利,削弱工会;第三,在社会文化上,右翼一般是"保守"的代名词,反对堕胎,反对同性恋婚姻,反对非法移民入境等。而左翼则主张外交上的收缩,经济上的政府干预,社会文化上的开放。因为文化上的分野,一般右翼也被称为"保守派",左翼也被称为"自由派"。但是实际上,右翼倾向文化保守的同时主张经济的自由化,左翼主张文化自由的同时又主张经济的控制,严格来说还真说不清谁比谁更拥护真正的自由。

就美国整个社会来说,左右选民势力是大致相当的。1980 年代以来,由于共和党成功地将文化保守势力动员起来,草根社会甚至出现了保守右转的趋势。但在高校,却左右比例悬殊。2005 年的一个调查表明,美国高校里 72％的教师是"左翼自由派",15％是"右翼保守派"。从党派来说,50％的教师支持民主党,11％支持共和党。这一失衡在一流高校中尤其显著:87％倾向于左翼自由,13％倾向于右翼保守。而且,左右翼力量的变化,越来越向左翼倾斜。1984年调查时,高校老师还只有 39% 是左翼自由派。到 2005 年,这一比例则上升为 72%。

所以我才说在美国的高校里面,做一个左派,哪需要什么勇气,简直就是随波逐流。

上面的数据与我个人的经验感受相符。我在哥大认识的所有教授、同学,只要我知道政治主张的,都是"左翼自由派"。课堂上教授骂布什,老师乐呵呵,学生笑嘻嘻,皆大欢喜。走在校园里,动不动看见支持巴勒斯坦的示威、学生助教要求工会化的示威、反对共和党某某人来校演讲的示威,全都是左翼的声音。如果你在哥大做老师,还胆敢支持布什,就只能夹着尾巴做人了,简直比做贼还要心虚。

当然也有人跳出来反抗。一些右翼团体抗议说,一个缺乏多样化声音的校园,是不健康的。对于那些十八九岁的孩子来说,没有倾听过不同意见之间真正的辩论就被稀里糊涂灌输了一个观念,也是不公平的。Allan Bloom 早在 1987 年就写过一本书,叫《美国头脑的封闭》,批评美国高校里泛滥的文化相对主义最后导致了是非不分。前年加州洛杉矶分校的一个小孩 Ben Shapiro 干脆写了一本书,叫《洗脑》,批判学校里教授们清一色的声音。David Horowitz,一个右翼活动家,办了一个网站"校园观察",督促学校里的言论自由,他还出版了一本书《教授们:美国 101 个最危险的学者》,专门"揭发"那些死硬的极左派。同时,一些校外的右翼组织,大量向高校砸钱,试图在学生中培养右翼势力。但是,这些斗争不过是老鼠斗大象而已,根本无力改变校园的"颜色"。

其实,左翼占领大学,并不是什么新鲜事物。从 1930 年代开始,就一直如此。1960 年代的民权运动中,校园里的新左派就是一支重要的力量。当前在经济全球化和伊战背景下崛起的左翼势力,估计只能叫"新新左派"了。大学代有才人出,左派后浪推前浪。高校这样远离经济基础的象牙塔,是政治浪漫主义的温床。知识分子和社会的关系,本来就有点像一个娇妻和一个憨夫的关系:她负责点菜,他负责买单。一个比较有意思的现象是,虽然整个高校都左倾,但是越远离经济基础的院系,就越左倾:人文院系 81％教师是自由左翼;社会科学 75％;工程学院 51％;商学院 49％。

里根上台以来,保守主义势力在美国重新崛起,但是当草根社会在悄悄右转的时候,高校却一直在稳步左转。直到今天,一个幽灵,左的幽灵,在大学校园的上空游荡。

虽然按照美国的谱系,我自己的政治观念算是中间派,但是我非常反感美国高校里这种"妖魔化右翼"的氛围。人家吉尔克里斯特反对非法移民怎么了,还不让说话了这是? 宪法第一修正案不是为了保护言论自由吗? 说到底,对自由的威胁,不仅仅来自于政府,也可以来自于舆论。一个人在舆论当中噤若寒蝉,就算那个人不是我,就算那个舆论代表了我,就算是在高校这样的"精英"机构,也仍然让我不安,因为对自由的威胁,不管来自政府还是舆论,都是对真相威胁的开始。

大家好才是真的好

　　"消费者权益"这个词现在已经深入人心了，尤其在伪劣产品盛行的当代中国。相比之下，"消费者责任"这个词却似乎令人感到陌生。"消费者责任"？消费者的责任不就是交钱吗？大多数人也许会这么说。

　　在美国，有一批人却不这么看。在他们看来，消费者的消费行为，不但是一种经济行为，而且是一种政治社会行为。当你明知某些产品（服务）来自于血汗工厂或者它们的生产过程严重破坏环境、残害动物、有悖伦理时仍然去购买它，那么你就是"不负责任的消费者"。最典型的例子，莫过于动物保护主义朝穿皮草大衣的人身上泼颜料。就近举一个中国的例子，就是某些反日爱国主义者们的"抵制日货"行为。

　　问题是，在一个生产和消费已经被割裂的经济体系里，我们怎么知道哪些产品是"清白"的呢？就算我们知道，又为什么要在乎这些产品中的"政治社会内涵"呢？

　　我想说说今天坐地铁时看到的一个广告。

TAKE A FAIR TRADE
COFFEE
BREAK
WHY THIS COFFEE IS SO SPECIAL

Farmers are ensured
a fair and stable price.

Farmers are
encouraged to adopt
environmentally-friendly
practices, including
organic farming.

STABILITY
SUSTAINABILITY
EMPOWERMENT
COMMUNITY

Fair Trade shifts power to
cooperatives and farmers, who
negotiate on their own terms.

Farmer-owned cooperatives invest in
community health programs and build
roads and schools.

一个"公平交易"咖啡广告。咖啡中的文字为"稳定，
可持续性，扶持弱者，社区"

公民社会篇

坐在波士顿的地铁里,我对面贴着一个大广告,一杯浓浓的咖啡上倒映着一个拉美农民的笑脸,下面是一行字:"A good cup of coffee starts with the farmers"(一杯好的咖啡从农民开始)。旁边是公司名称:Equal Exchange(平等交易)。公司名称下面是一个词组:fairly traded(公平地交易而来)。

"Fairly Traded"这个词在这里并不是一个泛泛的自夸,而是一个专门术语。这个术语的含义,得从西方的"咖啡公平交易运动"(Fair Trade Coffee Campaign)说起。

众所周知,美国人爱喝咖啡,目前全世界四分之一的咖啡是被美国人喝了。而咖啡的主要生产国不是美国,而是哥伦比亚、哥斯达黎加、墨西哥、巴西等发展中国家。我们在星巴克买一杯"拿铁"要三四块美元,但是如果按照市场价格,再刨去中间商的利润,拉美农民卖一磅咖啡豆才拿到 40 美分左右。由于这个价格,许多咖啡农一年下来才 600 美元左右的收入,往往入不敷出。

"咖啡公平交易运动"正是在这个背景下产生。由美国一些劳工 NGO 和"有责任心的消费者"共同推动。由于他们的努力,美国从 1990 年代末起建立了"公平交易证书"制度。在这个制度下,加入这个体系的咖啡进口商必须以 1.26 美元一磅的价格,绕过中间商,直接从咖啡农合作社手中购买咖啡。与此同时,一个叫 TransFair USA 的独立公证机构,给该进口公司颁发公平交易证书。1.26 美元一磅的价格,是以前收入的三倍左右,由此受益的咖啡农收入明显提高,摆脱了极端贫困。对于咖啡进口商来说,它花远远高于市场价的价钱收购咖啡,有什么好处呢? 可以说,几乎没有。除了像

卖咖啡的店铺里打上"公平交易"字样,已经成了一个
新的卖点

"Equal Exchange"那样,在他们的广告里打上小小的一行字:fairly
traded(公平地交易而来)。

然而,与经济学家的"完全理性人"假定不同,道义在人们的经
济行为中是有一席之地的。很多有"消费责任感"的消费者宁愿花
稍高的价格购买"清白"的产品,而不愿花稍低的价格买"肮脏"的产
品,而对商家来说,一部分经济损失所换取的道义形象最终可能带
来更多的经济收益。这也是为什么"咖啡公平交易运动"能够成长迅
速。就拿美国最大的咖啡连锁店星巴克来说,2001 年它刚加入"公平
交易证书"体系时,其购买的"公平咖啡"一年不到 100 万吨,但是到
2005 年时,已经达到了 1100 万吨。这些咖啡明确打出"公平地交易
而来"的标签,同时也以更高的价格销售,星巴克之所以能够连年加码
购买这些咖啡,正说明了大量"有责任感"的消费者存在。

许多其他的咖啡进口商,也纷纷大量购买"公平咖啡"。从 1999
年"公平交易证书制度"在美国开始实行到 2005 年,已经有 7400 万

吨咖啡在这个体系下完成交易，穷国的农民由此受益的总额为6000万美元。与此同时，公平交易证书制度也在向巧克力、茶、大米、水果等其他初级产品扩展。在这个经济全球化的时代里，"公平交易"（fair trade）越来越成为一种与"自由交易"（free trade）相对应的一种制衡性市场力量。

"消费者行动主义"（consumer activism）不是一种全新的事物。用集体购买力来表达政治意见、改善社会状况，有源远流长的传统。早在南北战争以前，就有一些废奴活动家组织"自由产品商店"，只卖自由民生产的产品。20世纪30年代的时候，为了反对日本侵华，美国就已经有了抵制日货运动。现在，在这个经济日益全球化的时代，许多美国消费者"喝水不忘挖井人"，"喝咖啡不忘种咖啡人"，是对这种"消费者行动主义"传统的延续。实际上，"咖啡公平交易"运动只是更大的公平交易运动中的一支，与之呼应的，还有"反对服装制品血汗工厂"运动等等。其中有一些运动，针对的恰恰是保护中国东南沿海一些血汗工厂里的"打工仔"和"打工妹"。

许多人观察美国社会时，容易强调其霸权主义、商业主义的一面，却不大重视这个国家源远流长的"理想主义"政治文化传统。完全社会自发的、为万里之外的拉美农民、中国民工权利而斗争的公平交易运动正是这个理想主义传统的一个小小注释。当然，理想主义要真正成为一种社会力量，是需要一定的政治、社会基础的，比如NGO的高度发达，比如一定的经济发展水平。

不过，对这些运动的效果不能过高估计。毕竟，商家也好，消费者也好，主要是"经济人"——他们可以为"公平咖啡"付稍高的价格,但是不可能高到"亏本"或者"无法承受"的地步。就拿星巴克来说,"公平咖啡"仍然只占其咖啡总购买量的一小部分,而且其价格差不多转嫁给了消费者。如果让完全主张经济自由主义的经济学家来判断,他甚至可以批评说,"公平交易证书"体制实际上是扰乱了市场经济中的价格信号,从而破坏了资源配置的最优化。

但是,资源配置的最优化,不可能因为价格信号而一夜完成,传统的经济模式、社会结构、环境资源禀赋、政治条件、信息成本等等都可能顽强地抵制价格信号,这就决定了经济的转型会是一个漫长、痛苦的过程。在这个过程中,给相对脆弱的初级产品生产者适当的道义帮助,虽然不一定是最"理性"的经济行为,却可能是最"道义"的社会行为。毕竟,在一个我喝的咖啡可能是一个哥伦比亚农民生产的、你开发的软件用户可能是一个英国学者、他生产的牛仔裤将要被一个乌克兰大学生穿上的全球化世界里,人与人之间的道义联系也应当与经济联系的强化相适应。

每次在中国听见熟人朋友说"中国什么都便宜","雇一个保姆才××钱","按摩一个小时才××钱","买一斤蔬菜才××钱",我都不知道该高兴还是难过。从消费者"利益"的角度来说,当然很高兴。但是从"消费者责任"的角度来说,我又深感不安。有时候,我会感到奇怪,当爱国愤青们对"购买日货就是支持日本军国主义"这种似是而非的逻辑而热血沸腾时,为什么这个国家里没有更多的消费者,对更显然的"消费责任",比如抵制本国的血汗工厂,抵制某些企业对环境的严重破坏,呼吁改善那些给我们盖房子修马路的民工的生存条件,表现出同样的激情?

当美国要建柏林墙

长期生活在美国的人，都会注意到这样一些身影：他们个子矮小粗壮，长着一张印第安人特色的脸孔，表情平和，眼神谦恭，出现在各类餐馆拥挤的餐桌前负责端茶倒水，或者在超市冰柜附近负责搬运冷冻食品……这是一个典型墨西哥非法移民的形象。他们忙忙碌碌，勤劳俭朴，停留在社会最底层。他们无处不在，却又似乎根本不存在，像影子一样飘忽在人们的视线里。然而，就是这样一些"影子"，从 2006 年年初开始，突然走出阴影，在美国的政界、主流媒体发出他们的声音。

2006 年五一，成千上万的非法移民，涌现在美国 70 多个城市的街头，摇旗呐喊，争取合法劳动的权利。对于美国这个不庆祝五一劳动节的国家，这一天万人涌动的盛况，无疑具有一种讽刺性。

据统计，美国当前有一千二百万左右的非法移民，大部分来自拉丁美洲，其中大多数是从美墨边境偷渡过来的墨西哥人。这些人从事餐饮服务、冷冻肉类包装、采摘加工农产品等工作。虽然没有

一道围栏,将美墨边境海岸线隔成了两片

"户口"及任何档案记录,但多年以来,政府对这个"公开的秘密"睁一只眼、闭一只眼。毕竟,有些法律的执行成本太高,而且美国社会也需要廉价劳动力。所以,很多非法移民在美国已经生活了几十年,却与美国社会相安无事。

然而,近几年来,美国政府闭着的那只眼睛突然开始打开。那些本来与美国主流社会井水不犯河水的拉美移民,突然被推进了公众视线,甚至成为众矢之的。

最直接的原因,当然是"9·11"之后的国家安全考虑。美墨边境,监控向来比较薄弱,可能会被恐怖分子乘虚而入,所以政府、社会各界都要求加强管理。但是,更根本的原因,还是拉美非法移民对美国社会本身带来的冲击。

按理说,美国本来就是一个移民国家,不应该对移民潮大惊小怪。但是,这些年拉美非法移民涌入美国的速度,的确有些触目惊心。就拿墨西哥来说,1970 年代末的时候,墨西哥人潜入美国的速度还是一年 5 万人左右,到 80 年代的时候,已经变成了一年 20 万左右,90 年代的时候,则平均一年涌入 50 万。照这个速度下去,整个墨西哥都要搬到美国来了。

拉美非法移民对美国社会构成的冲击是多方面的。经济上而言,一个普遍的担忧是这些廉价劳动力会抢走美国本地人,尤其是那些受教育程度低、缺乏高级技能的美国人的就业机会,或至少通过竞争,压低了美国人的工资。哈佛大学的教授 Borjas 的研究表明,从 1980 年到 2000 年,移民压低了美国人工资 3%,对于那些高中没毕业的底层,这一压低幅度,则高达 8%。同时,这些非法移民虽然不交税,他们的出生在美国的孩子却可以在美国上公立学校,他们也可以得到一定的医疗服务,也就是说,他们大量占用了美国纳税人上缴的税收。德州的一个参议员声称,德州这一个州一年花在非法移民家庭上的教育和医疗开支,就达到了 10 亿美元。

从社会文化上而言,美国人也担心拉美人的大量涌入,会给美国造成一个文化分裂的社会。事实上,根据美国 2002 年的人口调查,现在拉美裔的美国人已达 3800 万,已经超越黑人,成为美国第二大"民族"。其中墨西哥裔,又占拉美裔的三分之二。这些人在进入美国之后,往往自成一体,封闭在自己的社区里,既不学英语,也不溶入美国社会,形成了美国这个"大熔炉"里熔不掉的一块铁疙瘩。

正是因为这些因素,美国在非法移民面前越来越不安。面对鱼贯而入的非法移民,地处美墨边境的新墨西哥州和亚利桑那州,2005 年 8 月干脆宣布进入"紧急状态"。11 月,总统布什倡议强化边境管理,最终导致了 12 月由共和党控制的国会众议院通过了一个强硬的反非法移民法案,这个法案的内容包括:在美墨边境修建一条 698 英里的"隔离墙"、驱逐所有非法移民、严惩那些雇用非法移民的雇主等等。

这个法案引起了非法移民社区的轩然大波。在很多人看来,这样一个法案,是对非法移民与美国社会已经"你中有我,我中有你"这样一个既成事实的无视和轻蔑。虽然这一千多万移民是"非法"的,但是他们很多人已经在美国生活多年,遵纪守法,勤俭节约,通过诚实的劳动给社会带来很大贡献,把这些人从美国社会中"连根拔起",既不现实,也不道德。

出于对既成事实的尊重,2006 年 3 月,参议院中的温和派提出了一个更现实、理性的法案:一方面强化对美墨边境的管理,限制移民潮的进一步涌入;另一方面,也给目前已经在美国境内的非法移民办暂时的工作许可证,并有条件地、渐进地给他们提供一个成为美国公民的渠道。应该说,这一提案和总统布什的想法不谋而合,也合乎广大非法移民的要求。

然而,由于部分强硬的共和党员的反对,这个提案在参议院没有通过。这就导致了从 3 月底开始非法移民风起云涌的抗议示威。五一的全国性游行示威,是这个社会运动的一个高潮篇章。

这样的抗议示威,是否能推动美国境内这些非法移民的"合法化"进程？有专家预测，效果可能不大。最重要的原因，就是美国最广大的本土选民，对非法移民持有漠然甚至敌视的态度。无数的民意调查表明，大多数美国人并不欢迎外国人来抢他们的饭碗。对于国会议员来说，他们的政治压力是来自那些反对非法移民的本地选民，而不是那些"手无寸票"的非法移民。更何况当年是国会的选举年，这一压力分外显著。

其实，美国民众对非法移民的排斥，固然有"经济理性"在起作用，同时不能不说也有种族歧视的成分。非法移民固然抢走一部分饭碗，但一个国家的工作总量并不是固定的，非法移民通过提供便宜的劳动力提高了雇主的利润率，从而也提高了雇主的追加投资率，相应地也增加了就业空间。哈佛教授的研究成果，经过对资本利润率影响的调整，最后结论是，非法移民对高中以上学历的美国人的工资收入没有影响，就是对高中以下学历者的工资水平的压低程度，也小于5%。另外一些学者的研究，干脆就表明非法移民对美国任何阶层的收入都没有负面影响。就算Borjas的研究成果是对的，普通美国民众真的对那些高中以下学历的人不到5%的收入水平那么在意吗？还是他们的潜意识里，其实是不希望那些矮小的、长着印第安人脸孔的、不说英语的人频频出现在他们的社区里？联想到美国1882年的"排华法案"，1965年以前对亚洲移民的明文限制，应当说，美国移民政策里面的种族主义幽灵，还没有完全消失。

从更深的角度来说，这次非法移民的大行动，不过是在全球化背景下劳资不平衡的一个反映。今天我们已经习惯"地球村"这样的说法了，但是，资本的自由、商品的自由，并不等于劳动力的自由。

华尔街大亨的资本,可以任意到第三世界国家的金融市场上进行投机,但是第三世界国家的公民,并不能任意地跑到发达国家打工。冷战之后东西柏林墙倒塌了,但是全球化过程中的南北柏林墙却在生长。一个墨西哥人悄悄潜入美国,的确是违反美国法律的,而美国一个小时的工资相当于墨西哥两天的工资,他的选择也是人之常情。何况他不偷不抢,纯粹是在美国最底层,那些几乎没有美国人愿意干的职业当中,挣一份血汗钱而已。如果说他有什么错的话,唯一的错,不过是当年不幸生在了墨西哥而已。

非法移民的这次大游行,虽然鼓舞了非法移民的士气,但也激起了保守势力的反弹。著名的反非法移民组织"The Miniutemen Project"的一个领导人,干脆说:那些没有合法身份的外国人,竟敢跑到我们的大街上、挥舞外国的国旗游行示威,藐视我们的法律,这是彻头彻尾的暴民统治。他的表达方式虽然极端,但是代表了很多右翼美国人的心声。别说右翼美国人,就是合法移民,比如很多中国留学生,对非法移民的上街游行,也颇有微辞。在一个留美学生的论坛上,一个中国学生愤愤地写道:"我们这些年辛辛苦苦地考托福GRE,读书、找工作、交税,老老实实排队等绿卡,凭什么他们偷渡来的,还要抢在我们前面拿绿卡?"

另一方面,右翼毕竟只是美国社会当中的一支力量。移民问题,正如美国社会的其他问题,还是要在美国充满权力制衡的政治框架中寻求解决方案。就非法移民这个事情,我们可以看到美国政治当中诸多力量的博弈:参议院的温和派和众议院的强硬派之间、民主党与共和党之间、共和党内部之间、联邦与州之间、不同种族之间、立法机构与白宫之间、选民与政治家之间，都有不同的立场，但都无法将自身的主张强加到对方身上，只有通过不断地周旋、牵制、谈判，政策才有可能出台。也正是因此，非法移民政策暂时卡在了国会的喉咙，只能等"秋后算账"了。

控 制 石 油 的 什 么

　　在美国的反伊战游行示威中,最流行的一个标语牌恐怕是"No blood for oil"了(不能为了石油而流血)。虽然布什和布莱尔早就声明"这场战争和石油毫无关系",基本上人们把这话当笑话来听:不为石油为什么? 大规模杀伤性武器又找不到,难道美国还真就是为了给伊拉克人民输入自由民主? 美国还真成了雷锋不成?

　　这种提问的逻辑其实不完全合理。假设——仅仅是假设——美国打伊拉克是为了输入自由民主,这其实与美国的利益也不矛盾,甚至大大促进美国的利益:一方面,许多国际关系的研究表明,"成熟的民主国家之间没有战争",把伊拉克给民主化了,对于美国的国际安全是一件大好事;另一方面,如果把伊拉克给"自由化"了,改造成自由市场经济,会大大降低跨国公司与伊拉克之间商贸往来的"交易成本",尤其对美国那些大的石油公司有利。所以给伊拉克输入民主自由,和强化美国在中东的商业、政治利益很大程度上是一件事,为什么一说到"输入自由民主",就立刻要认为是"理想主义"

▲ "不为石油而流血",是伊战以来美国历次反战游行
　　中最流行的口号

▼ 伊战以来,每次反战游行中最响亮的口号都是"不
　　为石油而流血"

呢？从另一个角度来说，强化美国在中东的政治经济利益，难道就一定意味着伊拉克人利益受损？也不见得，假设，仅仅是假设——美国真的成功地给伊拉克输入了自由民主，一方面美国强化了其利益，一方面当地人享受了自由民主制度，这不是一种双赢的情形？二战以后的日本不正是如此？

当然，到目前为止，由于伊拉克内部错综复杂的宗教族群冲突，实际情况恰恰是"双输"：伊拉克人没能享受到稳定的"自由民主"，美国的"利益"也很难说得到了强化：政治上，因为这场战争，美国在国际上被空前孤立，2006 年中期选举共和党的全面溃退以及 2008 年共和党败选，也标志了布什政府打伊战的政治代价；商业上，由于战乱和政治斗争，到目前为止，英美那些大的石油公司还是无法真正进入伊拉克。

现在，让我们来假设，同样仅仅是假设，虽然很多人都将它认定为事实——美国打伊拉克完全是为了"控制伊拉克的石油"，那么，这句话到底是什么意思呢？控制伊拉克石油的产量？控制伊拉克石油的价格？控制伊拉克石油的出口国方向？控制伊拉克石油的开发权？甚至，控制伊拉克石油的所有权？一个朋友说：我不在乎别人的观点是不是和我的一致，甚至不在乎别人的观点是不是愚蠢，我在乎别人的观点是不是"独立思考"的结果。我想所谓的"独立思考"就是指，当你拥有一个观点的时候，是通过你自己掌握的信息独立做出的判断，而不是因为一百个人里面有九十九个这样说了所以人云亦云地这样说。那么，我想请问那些认为美国打伊拉克是为了"控制伊拉克的石油"的朋友，你们是否独立思考过这句话的确切含义，以及有什么论据支持这个观点？

不是说美国打伊拉克一定不是为了"控制伊拉克的石油"，我只是说，必须搞清楚这句话的确切含义。

显然，控制伊拉克石油的"所有权"这一条不可能。虽然美军一占领伊拉克就直接去"保卫"石油部的举动成了全世界的笑料，但距离萨达姆下台已经有些年头了，好像也没见美军把伊拉克油田抢到自己的名下。就算将来伊拉克局势稳定下来，Exxon、Shell 这样的大石油公司要开始"争夺"伊拉克石油的"开发权"，也必须通过竞价购买的市场交易方式。

控制伊拉克石油的"开发权"，这话有一定道理。许多伊战的批评者都认为英美政府打伊拉克，其实是在为 Exxonmobile、Shell、BP 这样的美英石油公司开路。军国主义开道，资本家挣钱，这似乎也非常合乎我们所习惯的"阶级分析"逻辑。但是，这个说法的可疑之处在于，就算布什政府把 Exxon 当大爷当舅舅伺候，都 21 世纪了，又不是 19 世纪，给资本家开道还非要通过打仗？通过打仗来打开市场，成本太高了，美国这么几百亿几百亿美元地往伊战砸钱，真要是为了取悦几个石油大佬，不如把这钱直接通过减税、补贴的形式分给他们得了，可能投入产出更划算。而且，以美国的霸权主义地位，通过联合国搞一个协议，说取消制裁的条件就是打开市场不就行了？美国政府又不是没跟萨达姆合作过，"第二次握手"有什么不可以？为什么非要打仗？正给石油制裁给折腾得焦头烂额的萨达姆没准求之不得呢，用我们中国，或者印度，或者很多第三世界国家的眼光来看，不就是个"引进外资"吗，越多越好啊。

那么，控制伊拉克石油的出口量和出口方向呢？比如，"强迫"伊拉克多往美国出口石油，少往美国的经济、政治对手出口，从而一方面保证自己的经济发动机能量，一方面牵制对手。这个说法同样可疑。和平年代石油卖给谁不卖给谁几乎都是靠各个国家的购买力决定，很难想象伊拉克出台一个政策说"我只卖油给那谁谁谁，就不卖给那谁谁谁"，行动上也没有这个迹象。更重要的是，美国对伊拉克石油的依赖性并不强，就拿 2005 年 11 月来说，美国的进口石油里面，只有 16.3％来自于中东，而伊拉克在其中又只占 26％。现在国际石油出口国很多元化，就算伊拉克完全停止对美国石油的出口，这个缺口也可以通过其他国家补回来。难道美国非要为这百分之四左右的石油进口量打一仗？比较具有讽刺意味的是，那些举着"No blood for oil"的人当中，很多人一方面严厉斥责政府为了"拥有石油"而打仗，另一方面却享受着"石油文明"带来的各种好处不肯放弃，该买 SUV 买 SUV，该 24 小时开空调 24 小时开空调，油价一涨哇哇叫，一点也不觉得其实"No blood for oil"的牌子完全可以面向自己。

　　控制伊拉克石油的产量，从而达到左右石油价格的目的，这还是一个似是而非的说法。美国如果要控制伊拉克的石油产量以操控价格，你说是要让它涨价还是跌价呢？有的人可能会说：涨价！这样美国政府所服务的石油大佬渔利啊。有的人可能会说：跌价！这样有利于执政党争取选民。反正无论涨价跌价，都可以用倒推法说成是美国政府的叵测居心。再说了，美国怎么"控制"伊拉克石油的产量呢？打电话给 Exxon 或者 Shell 让它们减产？人家可不是对政府言听计从的国企。拿枪逼着石油部下达指示？人家伊拉克也好歹有一个民选政府和议会。当然了，危机时刻美国拿枪逼着伊拉克让它增产或者减产，也不是没有可能。更重要的是，伊拉克一国的石油产量对国际油价的长期影响力有限，它少生产点其他国家可以多生产点，市场的总体供求关系未必会因为伊拉克而改变。

照你这么说，你可能会说，美国打伊拉克跟石油没有关系了。也不能完全这么说。美国打伊拉克显然跟维护它在国际政治中的"老大"地位有关：敌对的政治势力与巨大的石油收入相结合，容易形成对美国的挑战。现在委内瑞拉、伊朗，甚至俄罗斯为什么敢于动不动跟美国叫板？滚滚而来的石油收入是一个很重要的原因。在这些"威胁者"中，拿伊拉克开刀显然最顺手。其次，在中东安插一个亲美政权，也有利于维持石油体系长远的稳定与开放——可以牵制 OPEC 不随便发"小姐脾气"，增进国际石油安全，减少石油国家利用石油出口来打政治牌的概率。你可能会说，你看，还是回到了石油不是？美国不还是为了石油去打的仗？我想提醒大家的是，石油安全不仅仅是美国人的石油安全，也是中国乃至全世界的石油安全。虽然美国自身可能是最大的受益者，但如果石油价格失控，刚刚起飞的中国也就被斩断了翅膀。

敌人的权利

上大学的时候，有个老师说：检验一个国家的文明程度，其实不是看多数人，而是看少数人，比如残疾人、同性恋、外来移民，他们的权利有没有得到保护。要我说，还有一个更过硬的标准，就是看这个国家的"敌人"落到它的手里之后，权利有没有得到保护。

对目前的美国来说，它的敌人最集中的地方，莫过于关塔那摩监狱了。那里先后关押着"9·11"以来美军抓获的数百个"恐怖分子嫌疑人"。莫罕默德·卡塔米，可能是其中最出名的一个。

卡塔米，据说是"9·11"事件中的"第20个劫机犯"。2001年8月4日，卡塔米从阿联酋飞往美国，在佛罗里达的奥兰多机场降落。当时，"9·11"事件的一个主要劫机犯阿塔就在机场门口接机等他。但是，由于卡塔米不会英文，只有单程机票，而且对自己到美国的目的支支吾吾，海关人员把他当作非法移民遣送回了阿联酋。在一个被截取的恐怖分子电话中，"9·11"袭击的组织者之一也称卡塔米是"最后那个人"。据说，"9·11"行动中，其他三个飞机都有5个劫

▲ 关塔那摩监狱未经审讯关押犯人,已经成了布什政府的最大丑闻之一。图中标语为"停止虐待,关闭关塔那摩,采取行动"

▼ 由于关塔那摩监狱未经审讯关押嫌疑人,89个抗议者装扮成关塔那摩监狱犯人形象,在联邦法庭面前跪地抗议

机犯,只有飞往白宫的那架飞机是 4 个劫机犯,其中缺席的那个人,就是卡塔米。

后来,2001 年 12 月,美国在攻打阿富汗时俘获了卡塔米,并把他押送到了美军的关塔那摩监狱审讯。之后的几年,他被关押在关塔那摩监狱里,接受讯问。

2006 年 3 月 3 日,《时代》周刊公布了从 2002 年底到 2003 年初的卡塔米审讯记录,其中曝光了审讯过程中的种种"虐行",其中包括:让他扮狗羞辱他、长时间审讯不让睡觉、用一个非常不舒服的姿态长时间拷住、强迫喂食、降低房间温度并不断向他泼冷水、在他耳边长时间放特别吵的音乐……据称,卡塔米的待遇在关塔那摩是一个普遍现象。无独有偶,2003 年底 2004 年初,伊拉克阿布格莱布监狱美军虐待战俘的照片、文件曝光于各大媒体,举世轰动,可以说让美国的国际声誉沾上了难以洗刷的污点。

无论是阿布监狱的照片,还是关塔那摩的记录,都表明"敌人"落入美国手里之后,人权受到了严重侵害,但是,是不是就可以得出结论,说美国的"人权"概念根本经不起推敲,不过是一个用来敲打他国的大棒呢? 如果得出这个结论,只能说观察者只关注了"美军虐俘"这个现象,却没有关注在虐俘现象曝光之后,美国社会及政界对这个现象的反应。

我们都知道,对于一辆长期在路上的车来说,遇上或大或小的交通险况,几乎是不可避免的。但是,交通险况是否最终会酿成人命关天的悲剧,还要取决于车里的很多危机应对设置,比如,刹车是否灵敏、车内乘客是否系安全带、车内的充气口袋会否及时弹开,等等等等。阿布监狱和关塔那摩的虐俘行为，可以说是美国这辆"自由号街车"遇到的"险情"，这个"险情"的出现，说明美国的人权状况还存在严重的缺陷。但是，从美国社会各界的反应和行动来看，这辆汽车的刹车、安全带、充气口袋系统又是非常可靠，在汽车从"自由线路"滑向"野蛮线路"之前来了个紧急刹车，及时避免了更大的危险。

媒体、民间社团的力量，可以说是"刹车"系统，立法系统的制约，可以说是安全带装置，而独立的司法力量，则是充气装置。所有这些避险机制及时启动，最后的结果是，虽然布什政府这个"司机"开错路线几乎翻车，车里的美国人民受到惊吓，最后还是有惊无险。

美国的媒体在报道政府的这些"丑闻"时，可以说是争先恐后。2004 年初阿布格拉布监狱丑闻最先的报道者中，有美国 CBS 电视台的"新闻 60 分"节目，《纽约客》杂志也进行了长篇报道。之后美国各个媒体掀起了声讨美国政府的热潮。2004 年起，《华盛顿邮报》、《纽约时报》等详细报道了监狱里的审讯技术以及关押犯的悲惨状态，并呼吁政府尽早关闭关塔那摩监狱。《时代》周刊干脆发表了几十页的卡塔米审讯日志。

与此同时，各个民间的人权组织也开始积极行动，捍卫"敌人的权利"。其中最著名的是纽约的"人权观察"，它对关塔那摩的囚犯状况做长期的跟踪调查，推出了系统的调查报告。"宪法权利中心"这个组织不但给卡塔米这样的人提供律师帮助，而且协助受害者积极参与对美国政府相关人员的起诉。与关塔那摩相关的书籍、音乐、话剧、电视片、游行示威纷纷出现，高校、教会、电台、电视台对关塔那摩的讨论层出不穷,批评的声音占绝对优势。

在社会舆论的压力下,立法机关开始有了反应。"反虐俘"最著名的代表,是共和党参议员约翰·麦凯恩。他说,"为了赢得这场反恐战争,我们不仅仅需要军事上的胜利,而且需要价值观念上的胜利,虐俘让我们在价值观念上损失重大"。2005 年 10 月,参议院以压倒优势通过反对虐俘的法案,"禁止对战俘使用残酷的、不人道的和污辱性的审讯手段"。压力之下,布什政府于 12 月签署同意了这个法案,以示"美国政府反对虐待,尊重国际法规"。

司法的力量同样不可忽视。从 2003 年开始,美国最高法院就开始接手相关诉讼。2004 年判决关塔那摩在押犯有权通过程序挑战他们的被关押状态。2006 年 6 月,最高法院判决关塔那摩在押犯确系日内瓦协议的保护范围,同时还判决,政府不能另设行政军事委员会来审判犯人,审判必须通过常规法庭或者军事法庭,再次限制了行政力量对司法力量的干涉。

其实,即使是布什政府,也从来没有公开提倡过"虐俘"。要知道最早开始启动调查阿布监狱虐俘行为的,是军方自己,而不是来自外界的压力。对某些温和的"刑讯逼供",布什政府可能曾经"睁一只眼,闭一只眼",但是后来,随着各种社会压力的增强,他们不得不一再站出来表态反对"虐俘"。事实上,布什政府也的确有为难之处。一方面要从准恐怖分子嘴里"榨"出有用信息,另一方面还要对他们"和颜悦色"。如果另一次"9·11"发生,需要负责的可不是《纽约时报》或者"人权观察",而是美国政府。可能令某些官员想不通的是,对卡塔米这样的"准恐怖分子"大声放音乐都被指责为"虐俘"，与此同时，某些伊斯兰极端组织正在砍下像博格这样无辜美国人的头颅。

然而，正如麦凯恩所说："我们是比我们的敌人更好的人。"文明社会必须用更高的标准来要求自己。在这个标准下，阿布格拉布监狱的17个虐俘者受到了应有的惩罚，其中有两个美国士兵，甚至被判处了10年和3年的徒刑。美国驻伊的总指挥官桑切斯也称，是阿布监狱丑闻导致他"被迫退休"。与此同时，关塔那摩的囚犯正在一批批地被释放，就是卡塔米，据国防部的最新消息说，由于他曾经经受的"虐待"，美国很可能无法起诉他。甚至相反，一些被释放的关塔那摩囚犯，开始反过来寻求起诉美国政府中的相关人员。

固然，关塔那摩的阴影仍然没有完全清除，美国社会仍然在为"敌人的权利"进一步斗争。然而，已有的这些斗争至少表明，关塔那摩那数百个人的痛苦并没有白白承受。他们的痛苦，已经被美国社会转化为强化其人权保障机制的信号，以防止更多这样的痛苦。泱泱大国的运转，政府不可能不出错，重要的是这个政府如何面对自己的错误，是否承认它，是否改正它，是否在一个更大政治框架中受到制约。同样重要的是，这个社会能否容忍政府以"国家安全"的名义来践踏人权——不仅仅是"我们"的人权，而且是"敌人"的人权。归根结底，人权是人类的权利，不仅仅属于"我们"或者"他们"。

民主现实主义

　　翻开报纸,又是一则伊拉克的坏消息:巴格达发生汽车炸弹袭击事件,46 人死亡,104 人受伤……某种意义上,这种新闻已经不是新闻了,天天都能读到的新闻叫什么新闻? 哪天打开报纸没有发现伊拉克的死人消息,那才是新闻呢。

　　伊拉克到底怎么了? 地球人都在思考。

　　查尔斯·克劳桑莫,美国一个保守派政治评论家,曾经这样反击那些反伊战的人:自由派老说多边国际行动更道德。我就奇怪了,什么样的道德标准告诉我们,解放 2500 万被压迫的人这件事不道德呢?

　　姑且不论美国打伊拉克是不是的确为了"解放"被压迫的伊拉克人,对于许多"天真"地这样认为的人,恐怕会有类似的困惑:别人好心好意去解放你,你咋就不从呢?

　　问题是,好的东西,就可以强加于人么? 伊拉克问题的复杂性在于,它不仅仅是一个政治难题,而且是一个道德难题。如果一个病伊拉克战火纷飞，伊朗核项目势头不减，美国也许应该反思自己的"输出民主"策略了。图为赖斯在鸡犬不宁的伊拉克、伊朗前方高喊"正如我所说，难道民主不美好吗？"

人拒绝吃药，你可以出于道义劝他，甚至强行灌药，但是灌药的过程中把这人打得遍体鳞伤，打出来的病比本来得的病还重，这还合乎道义吗？

2004 年，克劳桑莫提出一个概念：民主现实主义。其核心主张就是美国应该公开实行"单边政治"，主动出击传播民主制度，而不是扭扭捏捏寻找什么"国际共识"。与其浪费时间去寻找并不存在的共识，他说，不如大刀阔斧地单干——"扁兔崽子"（antison of bitch policy）。

然而，就是右翼政治学家福山，都批评这个"民主现实主义"的政治主张"奇怪地脱离现实"。归根结底，不同的眼睛看到的"现实"

不同。克劳桑莫看到的是那些"流氓国家"的流氓行径,而福山看到的,以及我们现在每天翻报纸看到的是伊拉克一天又死了多少多少人。

2006年12月6日,美国众议院任命的"伊拉克研究小组"发布了他们的研究报告,提出解决伊拉克问题的"方案"。其核心主张无非是两条:第一,美军不能无限期地留在伊拉克,美国政府应该给伊拉克政府施加压力,让他们自己加紧解决宗教种族冲突,否则美军就应该在2008年开始撤军;第二,建立中东地区政治上的统一战线,尤其应当把伊朗和叙利亚拉进谈判桌,进行地区对话。

派系团结加地区对话当然是好事。但是,这些主张的一个致命缺陷,就是假定对方——伊拉克也好,伊朗叙利亚也好,是一个理性的、统一的、既有对话意愿又有相应行动能力的实体。

不幸的是,不理性、不统一、缺乏对话意愿更缺乏行动能力,恰恰是中东方面的"现实"。伊拉克已经被宗教派系斗争折腾得面目全非,至于伊朗,看美国出丑本来就不亦乐乎,人家有什么兴趣跟你真心实意地对话?

美国政治学家杰克·施奈德近年来写了两本书:《从投票到暴力》和《选上去打》。这两本书针对的,恰恰是冷战结束以后这个令人痛心的现实:在许多国家,民主化进程与种族宗教冲突激化并驾齐驱。苏联民主化以后,车臣地区烽火连天。南斯拉夫民主化以后,各种族打得让人眼花缭乱。布隆迪1993年刚实现第一次和平选举,第二年就发生了图西族和胡图族的种族仇杀。施奈德承认,正如许多国际关系学者指出的,"成熟的民主国家"之间没有发生过战争,但是,"转型过程中的民主化国家"却是滋生暴力冲突的温床。在他看来,1990年代之后激增的种族民族冲突恰恰是民主化本身的结果:为了赢得选票,无数政客不惜煽动本来不存在或者较微弱的种族仇恨。换句话说,民主化"制造"了派系冲突。

说种族民族冲突完全是"民主化进程"制造的,当然不公平,事实上,专制者同样会"制造"种族宗教矛盾。比如布隆迪,在民主化之前两个种族本来就相互砍杀。但是,说民主化需要一定的社会条件,却不无道理。如果说民主化的"西方文化条件"已经在现实面前不攻自破。毕竟,不少儒教文化国家已经成功地实现了民主转型。民主化的经济条件也令人生疑,美国从英国殖民者手里夺得政权实行雏形的选举时,人均GDP恐怕比现在许多专制国家要低得多。但是,民主化的"国家认同条件"却一次次地得到历史的印证:一个社会里如果没有基本一致的"国家认同",民主化不但可能解决不了问题,反而可能带来很多新问题。如果说专制时代还可能一个"大流氓"镇住无数"小流氓",民主化过程中则有可能出现"群氓乱舞"。

这当然不是说,一个多民族专制国家就别指望民主化了,事实上,即使根据施奈德的统计,和平实现民主化的多种族国家比血流成河地过渡到民主的国家要更多。但是伊拉克这样的例子又的确告诉我们,在一个种族裂痕很深的社会,民主化有一个"社会准备"的问题:如果没有强大的公共领域在意识形态上与政治煽动家相抗衡,如果没有一定的民权运动作为民主化的基础,如果没有种族调和甚至同化的政策相配合,民主化很可能被煽动成多数对少数的暴政甚至内战。毕竟,真正的民主化,不仅仅是政治体制的变化,而且是政治文化、社会形态的转型。在崇扬民主价值的同时,对民主化进程中的陷阱保持警觉,才是真正的"民主现实主义"。今天伊拉克的乱象,恰恰是"民主理想主义"的后果。俗话说得好,强扭的瓜不甜,就是给人灌药,也不能把人给灌得一命呜呼。

美国大选贵不贵

　　随着 2008 年两党全国代表大会的落幕,美国总统大选进入了白热化阶段。每次大选到这个时候,总有一个声音冒出来:选举太贵了,花太多钱了,就是个有钱人的游戏而已。

　　美国总统选举的确贵。1996 年总统大选花了 4.8 亿美元,2000 年 6.5 亿美元,2004 年则超过 10 亿美元,可以看出,这是一个直线上升的趋势。今年大选,到 7 月底就已经超过 10 亿了,这个无底洞还在延伸之中。这样砸钱到底多不多呢? 看你从哪个角度看了。一方面,若是把选举款换成"孩子们的书本",那得换多少本啊。但 10 亿美元占 2004 年美国 GDP 的十万分之八,毕竟这个钱用来决定这个国家发展的方向,十万分之八,似乎又不算太多。

　　一个朋友曾经跟我聊起过:"美国的民主最虚伪了,我们这有个有钱人,选举时给当地官员捐了很多钱,结果那个官员上台后处处给他好处……"我说:"这种情况可能有,但肯定是非法的,从法律上来说,美国的选举中一个人每次选举给一个候选人最多只能捐 2000

美元,这点钱要买通一个官员,还是有一定难度的。"

　　有钱人"购买"选举,政客当选后为有钱人服务,似乎是劣质民主的一个典型形象。这在美国历史上也曾屡见不鲜。1872年格兰特参选总统时,曾有个大款一口气捐了其竞选开支的四分之一,这种情形下,格兰特上台后不还人家的"人情"才怪。不过,随着1972年美国《联邦竞选法案》出台,有钱人一手交钱、一手交货地购买民主的"好日子"就一去不返了。从那时开始,不但捐款人必须公开姓名和数额,而且捐款数额有了明确规定:每个人每次选举给某个候选人捐款不能超过1000美元(2002年调整为2000美元,随通胀而浮动,2008年为2300美元)。个人对政党的捐款数量、政治行动委员会的集体捐款都有了限额。

　　当然富人和穷人对选举的不平等影响不可能彻底消除:一方面,就算2300美元的捐款限额,有钱人可能顶着2300美元捐,而且可以发动自己的七大姑八大姨这样捐,而穷人要么捐不起,要么只能捐个几十一百什么的;另一方面,虽然对候选人的捐款数目有了限制,但有钱人或组织往往通过做议题广告"曲线"影响选举,这就是所谓的"软钱"影响。虽然2002年《两党选举改革法案》旨在消除软钱的影响,但孙悟空七十二变,软钱正想方设法变成"更软的钱"影响选举。

　　那么何不干脆取消私人筹款制度、直接使用公款竞选呢?公款竞选又透明,又防止无度花钱,还避免富人和穷人的不对称影响力,听上去似乎是最佳选择。事实上也不是没有国家这么做,像澳大利亚、西班牙、墨西哥和很多苏东国家都主要是依赖公款展开竞选。

其实，美国不是没有公款竞选制度，它只不过是一个"自愿选项"，即，候选人可以选择使用公款，但前提是接受公款的总额限制（今年的大选是 8400 万）；候选人也可以选择自己"化缘"筹款，坏处是没有底线保证，好处是不存在总额的限制。今年，"本来支持公款竞选"的奥巴马决定在大选中放弃公款，而麦凯恩决定在大选中使用公款。两人选择不同并不奇怪：根据麦凯恩在本党初选中的筹款记录，他在大选中就是自己筹款，也就筹到 8400 万左右——既然有免费午餐，何必去千辛万苦地求爷爷告奶奶呢？而奥巴马简直就是竞选筹款的"神奇小子"，他的筹款能力是麦凯恩的两倍——既然他可以筹那么多钱，何必带上 8400 万的紧箍咒呢？

说奥巴马筹款神奇，不仅在于他的筹钱总额，更在于他的竞选筹款大多来自于中小选民。拿 2008 年 6 月的筹款记录来说，其筹款总额中有 65％来自于小于 200 美元的小额捐款，而麦凯恩的同比只有 33％。可以说，奥巴马的大多支持者们真的是省吃俭用来支持他。真的粉丝，敢于直面惨淡的钱包。正是从这个意义上来说，奥巴马的竞选代表了民主选举的真义：千千万万普普通通的人，而不是什么大款富翁，在给民主竞选提供动力。

从一个大款可以操控一个总统候选人竞选资金的四分之一，到无数个 200 元汇成一个候选人筹款的 65％，这本身就说明了金钱在美国总统选举中意义的变迁。不错，钱在选举中发挥着举足轻重的作用，但它代表的不再是"资本家的垄断利益"，而是无数普通国民成为"民主股东"的愿望。也正是从这个意义上来说，也许竞选资金没有必要全盘公款化，因为筹款本来就是个动员过程，带动普通民众去参与、去思考、去影响这场选举。当一个大学生将自己省下来的 20 元钱捐给一个候选人时,他表达的不仅仅是对这个候选人的支持,而且是一份实践公民责任的意识。花数十亿去挑选一个总统也许太贵,但是用这些钱买来普通民众对民主制度的信心、对自己国家的责任,却又物有所值。

福利平等篇

他人眼中的刺

　　2007年3月,我国发布了一份"美国人权记录",列举了美国的种种人权劣迹,其中有一条指出,据美国人口普查局2006年8月29日公布的数据,2005年美国有3700万贫困人口,占总人口的12.6%,有770万个家庭生活在贫困线以下,平均每8个美国人中就有1个生活在贫困线以下……

　　毫无疑问,这个信息是言之有据的,美国人口普查局的确出台了这些数据。但是我觉得这条信息需要一个长长的注释,否则可能造成一定的误解。

　　说起贫困户,我们一般想起的都是一幅悲惨景象:一群面容憔悴的人,住在破烂的房屋里,衣不蔽体,食不果腹,孩子没学上,生病没钱医……但是在美国,"贫困"的概念却不是这样的。下面我引用一段2005年出版的调查报告,让我们来看看美国穷人的"惨状":

　　46%的贫困户拥有房产,一个典型贫困户所拥有的房子平均有

People in Household	Maximum Monthly Allotment	Maximum Weekly Allotment Per Person
1	$ 162	$ 37.28
2	298	34.29
3	426	32.68
4	542	31.19
5	643	29.60
6	772	29.61
7	853	28.05
8	975	28.05

▲ 分发给穷人的食品券

▼ 图表显示美国穷人可得到的政府补助额。如图所示，一个人的家庭每月最多得到 162 美元补助，两个人的家庭每月最多得到 298 美元，以此类推

三个卧室、一个车库,一个阳台;美国贫困户的人均住房面积超过巴黎、伦敦、维也纳、雅典等城市的人均住房面积。97%的贫困户家里有一部彩电,50%有两个或更多彩电;76%有空调;75%有一辆车;30%有两辆车;73%有微波炉;62%有有线电视;33%有洗碗机。从营养消耗来看,美国贫困家庭儿童的平均蛋白质、维生素、矿物质消耗量和中产阶级家庭儿童完全一样。大多数情况下,他们蛋白消耗量甚至超过健康标准一倍,也就是说,大多数贫困家庭儿童存在过度营养问题……

看来,美国的穷人并不像我们想象的那样食不果腹、衣不蔽体,这个国家之所以存在 3700 万贫困人口,很大意义是因为它所制定的贫困线标准高出我们发展中国家的标准。

美国当前适用的贫困线标准制定于 1960 年代。1963 年经济学家奥桑斯基计算出,一个普通四口之家当年需要花费 1033 美元购买食物,占家庭收入的 1/3。因此,她将收入 3100 美元(1033 美元的三倍)作为当年一个四口之家的贫困线。这个数字根据家庭人数而变动,也根据年份而变动。目前,美国四口之家的贫困线是年收入 2 万美元。值得注意的是,在贫困标准与时俱进的过程当中,今天的奢侈品往往会成为明天的必需品,今天美国的贫困线生活水准实际上是 70 年代初的中产阶级生活水准。

这里要提醒读者注意一个关键问题,美国的贫困线标准计算的仅仅是贫困家庭的现金收入,不包括穷人所享受的各种福利,而美国有大量扶助贫困户的福利项目。正是因为这些福利项目的存在,许多美国穷人没钱也可以有饭吃、送孩子上学、看病、住房子。近年美国联邦政府的福利年均开支为 5000 亿美元以上,用于支持各种各样的贫困人口资助项目。举几个例子:

食品券项目。专门防御穷人挨饿的项目,建立于 1939 年,不断更新发展,目前的运转机制是,政府给零售店预付货款、穷人刷卡购买食物。2004 年该项目覆盖了千万个家庭、千百万人口,其中 51% 为儿童。

住房选择券项目。针对低收入家庭的房租补贴项目,1961 年正式建立,延续至今。住房和城市发展部从贫困户申请人中选出一部分,代表他们与其房东签约,为他们支付 70% 左右的房租。

"领先"项目。帮助贫困家庭的儿童的项目,1965 年成立,到 2005 年,已经有 2200 万学龄前儿童曾接受其资助。就 2005 年来说,预算为 68 亿美元,90 万儿童受益,平均每个儿童受益 7222 美元。该项目本身有 21 万多员工,但其志愿者队伍则有 120 多万人。

以上只是几个典型例子,其他类似的项目不计其数,比如针对贫困家庭的"学校免费早餐午餐"项目、专门针对贫困大学生的"联邦培尔助学金"项目、政府资助的"公共住房"项目、针对穷人的"医疗保险"项目、"贫困家庭的暂时资助项目",等等。正是这些项目的存在,很多缺少"现金流"的穷人却不至于面对重大生存危机。可以说,在"市场失败"的地方,政府积极介入,托住社会安全的底线。

当然贫困的出现也不完全是"市场失败"。在发展中国家,贫困出现往往是因为就业机会少或者工资太低,但在发达国家,贫困虽然也有这些原因,它与贫困人口自己的行为也往往密切相关。比如,美国贫困现象一个重大的原因就是单亲家庭的涌现,还有一个重大原因是一些人的工作量太少。据统计,2/3 的贫困儿童是生活在单亲家庭当中。又有数据表明,一个典型的贫困户一年的平均工作时间是 800 个小时(也就是一周 16 个小时),如果 800 个小时提升到 2000 个小时(也就是一周 40 个小时),75％的儿童将会脱离贫困。当然,就业机会和工资问题也需要面对,最近美国国会通过"最低工资法案",将美国的最低小时工资标准从 5.15 美元提高到 7.25 美元,就是针对工资问题。

还需要说明的是,与发展中国家许多贫困人口的长期甚至永久性贫困现象不同,美国的贫困人口往往是由于失业、离婚、生病暂时处于贫困当中。根据美国人口普查局的数据,从 1996 到 1999 年,低于一半的贫困人口"连续贫困"四个月以上,只有 20％的贫困人口"连续贫困"超过一年。众所周知,持续贫困是社会动乱的根源,如果一个国家的穷人有希望迅速"脱贫",经济贫困往往不容易酿成政治动乱。

当然,并不是说美国就不存在发展中国家意义上的贫困问题,在美国 3700 万贫困户中,贫困程度也各异,其中不乏极度贫困的人。美国还有三四千万人口买不起医疗保险,其中很多都不被政府的公共医疗项目覆盖,城市贫民窟、流浪汉屡见不鲜。前面所提及的报告也指出,贫困人口中有 13％曾经面临暂时的饥饿威胁。横向比较来说,在发达国家里,美国的贫困率最高。纵向比较来说,自从布什上台以来,美国的贫困人口连年增加。

各国的贫困标准线不一,按照美国的标准,美国有 12％的贫困人口,按照中国的标准,中国才 8% 左右的贫困人口。不过如果按照世界银行统一的购买力标准,2005 年中国有 9.9% 的人口日均购买力低于 1 美元,34.9% 低于 2 美元,相比之下,美国及其他发达国家的日均购买力低于 2 美元的人口比例少于 2%。当然,中国人口多,起步晚,贫困现象难以避免,不应该以此否定中国改革开放的巨大成就和发展潜力。但是,理解是一码事,盲目得意则是另一码事。一个 35% 人口日均购买力不足 2 美元的国家,去嘲讽一个同类人口不到 2% 的国家的"贫困"问题,是不是有点"看到他人眼中的刺,却看不到自己眼中的梁木"呢?

美国的"社会主义"

2000年美国政治学家 Seymour Lipset 出了一本书，叫 *It Didn't Happen Here: Why Socialism Failed in the United States*，探讨"为什么社会主义在美国失败了"这个经典问题。根据他的看法，欧洲各国都出现了大型的社会主义政党，相比之下，美国的社会主义政党却始终不成气候。19世纪末20世纪初美国虽然也有过活跃的社会主义政党，但是1930年代之后，社会主义政党基本上销声匿迹。其原因，据他分析，无非是四条：个人主义的立国文化；工人阶级内部种族文化的多样性；社会主义政党本身的"经营不善"；还有美国的选举制度不利于小党存活。在这四条因素中，他最强调的，是第一条。

我不很赞同这本书的观点，原因不在于李普赛特对问题的分析，而是他对问题的提出：如果社会主义不仅仅指公有制加计划经济，也指建立广泛的福利制度（显然这也是 Lipset 的理解），社会主义在美国真的失败了吗？这本书过于强调社会主义政党的标志性

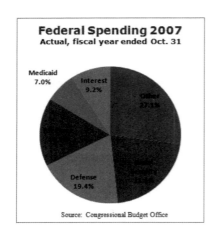

Federal Spending 2007
Actual, fiscal year ended Oct. 31

Medicaid 7.0%　Interest 9.2%　Other 27.1%

Defense 19.4%

Source: Congressional Budget Office

2007年的联邦政府支出图,各类保险、保障、医疗等福利支出构成联邦政府的最主要支出

意义,但如果我们把目光从"政党"转向"政策",没有理由认为"社会主义"在美国遭受了失败。

我们来观察一下2004年美国联邦政府的预算开支:19.9%军费(这项庞大的开支一直颇受争议);21.6%社会保障金;19.5%用于资助穷人、老人、残疾人的医疗保险项目Medicare和Medicaid;4.1%其他用于退休金和扶持残疾人的开支;9%用于失业补助、给穷人家庭的住房、食品、收入补助以及税收返还;7%偿还债务利息;教育3.8%;老兵补助2.6%;交通2.8%;国际事务1.2%;科研1%……可以看出,如果我们把社会保障金、医疗保险费、贫困失业补助等算作福利开支的话,福利开支占据了美国联邦政府开支的一半以上,这也是联邦政府的最大开支。在这种情况下,我们真的能够坦然宣布"美国不是一个福利国家"吗？

事实上，整个 20 世纪是美国福利制度不断成熟的一百年，尤其是 20 世纪 30 年代罗斯福新政时期和 60 年代约翰逊的伟大社会时期，福利制度更是突飞猛进。

20 世纪 10 和 20 年代，几乎每个州都陆续订立了工伤赔偿法律。1935 年，社会保障法案出台，被视为美国福利保障制度的起点，为退休者、失业者、残疾人、儿童提供安全网络。1937 年住房法案为低收入者提供住房补助。1938 年公平劳工法案首次为最低工资立法。1944 年 GI 法案为大学生提供贷款。1946 年在公立学校提供午餐补贴。1956 年残疾保险。1964 年食品券项目出台防止饥饿。1965 年，为老人穷人提供医保的 Medicare 和 Medicaid 项目创始，同年保证给大学生贷款的项目、工作培训项目等也出台。1968 年公平住房法案，目的是消除住房补助中的种族歧视。1975 年建立给穷人返还税收的"收入税收信用"制度。1990 年通过儿童保障拨款法案和残疾人法案。1997 年儿童保险项目和儿童税收信用制度出台。据统计，整个 20 世纪，美国有 50 多个重大社会保险和福利法案和项目出台，我上面列举的，只是一些重大例子而已。正是这些项目的启动及其发展，彻底改变了联邦政府开支的面貌，使得福利开支成为联邦政府预算的主要方向。

这些法案和项目，主要可以分为两种，一种是针对全民的社会保障体系（比如社会保障金）；一种是针对穷人和弱者的扶助项目（比如食品券项目）。这些项目的存在使得穷人不至于忍饥挨饿，而中产阶级也不至于朝不保夕。马克思列宁所预言的"资本主义崩溃"没有发生,很大程度上就是因为通过民主机制,资本主义体系不断吸收社会主义的营养,努力制度创新,从而实现自我修复。换句话说,社会主义并没有被资本主义消灭,而是被资本主义消化了。

观察福利制度在美国突飞猛进的两个时期,我们发现,这两个时期民主党同时在行政和立法部门占据绝对优势。正是民主党绝对优势的存在,使福利制度相关立法得以可能。在这个意义上可以说,虽然美国的社会主义政党在 30 年代以后就失势了,但是民主党在特定的历史时期内承担了"社会主义政党"的功能。既然不管白猫黑猫,能抓到老鼠就是好猫,评价历史也没有必要像李普赛特那样拘泥于"社会主义政党"的名分。

当然,如果从福利开支占 GDP 的比重来说,美国的福利水平明显低于欧式福利国家。比如,2001 年瑞典的福利开支占据 GDP 的 28.9%,挪威 23.9%,英国 21.8%,加拿大 17.8%,日本 16.9%,美国 14.8%。从这个意义上来说,美国的确不如欧洲重视社会福利。但是别忘了,经过购买力平价的换算,当年美国的人均 GDP 为 34320 美元,而瑞典为 24180 美元,挪威 29620 美元,英国 24160 美元,加拿大 27130 美元,日本 25130 美元,所以美国人均福利的实际绝对额并不低,超过澳大利亚、日本等国,和加拿大、英国等水平相当,与北欧国家差距明显减少。而且,据另一个政治学家 Christopher Howard 在 *The Welfare State Nobody Knows* 一书中分析,相对于直接分发福利,美国政府更倾向于使用税收减免、政策倾斜等制度杠杆来提供"间接福利"。比如,给那些为雇员购买医保和养老保险的公司减税,为穷人买房提供贷款担保,给有孩子的贫困家庭提供返还税收,通过最低工资法、平权法案、残疾人就业保障保护弱势群体等等。

此外,欧洲诸国的经济效率是否受福利制度影响,也一直存在争议。据统计,瑞典这样最典型的高税收高福利国家,其人均 GDP 比美国最穷的州还低。当然,不同的文化存在不同的偏好,有的以平等和谐为荣,有的以个人奋斗为荣,有的以勤劳为荣,有的以休闲为荣,有的习惯于高积累低消费,有的习惯于先消费后积累,没有必要以美国的标准来衡量其他的国家。同理,也没有必要用其他国家的标准来要求美国。民意调查也表明,美国人的福利观念不像欧洲人那么强烈。比如对于"政府应该为买不起房子的人提供体面的住房"这个说法,67%的美国人同意,加拿大、英国、瑞典的同比分别为72.1%、88.6%、81.8%。又比如,对"政府应该为失业的人提供体面的生活标准"这个说法,表示同意的美国人是 47.7%,同意的加拿大人、英国人、瑞典人分别为 65.5%、78.7%、80.3%。虽然制度和文化是相互影响的,但是文化在生成之后,也存在一定的稳定性。当李普赛特用文化来解释美国的"反社会主义"倾向时,显然是有道理的。

虽然美国人的福利偏好不像欧洲人那么强烈,但是无论从政府开支的比例来看,还是从美国过去 100 年的政策变迁史来看,美国都已经是一个不折不扣的福利国家了,那种"美国是个低税收低福利国家"的说法不过是个流行神话。曾和朋友发生过一场辩论,他认为美国的收入税率太低了,美国应该像欧洲那样征收高税收。我的看法是，美国的税率和欧洲的税率，不是"低"与"高"的区别，而是"高"与"更高"的区别。得出这个结论，并不是受到什么意识形态的思想指导，而是基于对身边常识的观察：在美国工作的朋友，年收入多在六七万美元和二十万美元之间，他们的收入扣除联邦税、州税、市税（纽约）、消费税、社会保险费、养老保险费……拿到手的往往只有一半到三分之二之间。众所周知，美国的中产阶级是几乎没有什么灰色收入的，物价也比中国贵得多（尤其服务行业），这些辛苦工作的中产阶级，收入的三分之一到一半被扣除之后，往往只能依靠省吃俭用来维持小康生活水准，我实在想不通为什么还要千方百计从他们身上"转移"收入。

最近一些年，中西学界的一个时髦就是批判"美式的新自由主义"。他们说，"无限的私有化、市场化、全球化会伤害弱者的利益"；"除了追求效率，社会还应该追求公平"，"应该放弃所谓的华盛顿共识，而应该转而追求北京共识"，这些说法也许不无道理。问题是，经过一百年福利制度的发展，今天的美国早已不是 100 年前那个自由放任主义的美国，无论在贸易保护、工会势力、收入调节、政策倾斜方面美国都可以说是一个福利国家，他们所批判的那个"自由放任主义的美国"更像是他们想象出来的靶子，正如他们所说的那个"北京共识"发生在他们想象出来的乐土。我只知道，如果我生病因为交不起钱而被医院拒之门外，如果我的孩子因为交不起学费而上不了学，如果我每天辛辛苦苦工作 12 个小时还在温饱线上挣扎，如果这些都是普遍而不是个别现象，那么你叫它什么主义都无济于事。但是如果我的孩子不但可以免费上学还可以免费坐校车、吃午饭,如果我收入低可以住政府盖的房子,如果我失业了可以用政府发的食品券买东西吃,如果我退休了可以按月得到体面的养老金,那么我所置身的制度就是福利制度,你爱叫它什么共识就叫它什么共识。

民主请客谁买单？

美国总统大选"庙会"般热闹，各方阵营都锣鼓震天地"练摊"，这样一个热闹纷呈的政治庙会，谁来赞助呢？据统计，美国 1996 年的总统选举花费近 4.8 亿美元，2000 年花费近 6.5 亿美元，2004 年则超过 10 亿美元，不但数额巨大，而且增幅也惊人。平均来说，2000 年一个众议员当选要花费 50 万美元，而一个参议员当选竞选费用是 450 万美元。砸钱的动作固然潇洒，让腰包鼓起来却没那么容易。这数以亿计的美元，上哪里去"化缘"呢？

很多人可能要说了：这还用问吗？资本家嘛！老愤青马克思 100 多年前就说过，资本主义国家是资产阶级的委员会。既然政府是资产阶级的办事处，资本家一手交钱，政客一手交货，政治把戏不就是这个玩法。这个源远流长的愤青观点，至今享誉海内外。即使是在美国的媒体，"选举不是赢得的，而是收购的"这样的看法，也是屡见不鲜。

资本家们是不是和政客们躲在一个秘密的小屋里，商讨收购选举事宜呢？至少在选举这个事上，即使资本家和政治家有交易，也是在"光天化日之下"。根据美国1971年的"联邦选举法案"，凡是100美元以上的选举捐款，各党派候选人都必须上交收据，并用其选举开支进行核实。根据联邦选举委员会对这些收据的统计，大体而言，在近期的选举中，除了联邦政府的公共竞选资金，候选人的私人资金有四个来源，各占资金的四分之一左右：一是来自个体选民的小额捐款（200美元以下的捐款）；二是来自个体选民的大额捐款（200美元以上，1000美元以下的捐款）；三是来自各个公司、工会或其他民间组织设立的"政治行动委员会"的捐款（5000美元以下）；四是各个政党对其候选人的"嫁妆"（一个人一年最多可以向一个政党捐助2万美元资助选举）。这四个来源，由于数额受到法律调控，被称为"硬钱"。

从上面这个统计结果，大家可能看出，如果一个选举阵营是一个股份公司，控股的主要还是"散户"，"大股东"的影响力有限。大家可能纳闷，资本家那么有钱，干嘛不多砸点钱，搞个"大股东"当当？我要是比尔·盖茨，干脆把政府当"二奶"包了，反正咱有的是钱，从我几百亿美元的资产里掏出三五亿来搞选举，选上的总统议员还不都是该给我捶背的捶背，该给我洗脚的洗脚？

当然我不是比尔·盖茨。我就是也没用，立法者也早就识破了我这种人的险恶心理。1971年的"联邦竞选法案"是美国第一部系统规范竞选筹款的法律（后于1974年补充修正），它规定：在一次选举中，个人给某一个候选人的捐款不得超过1000美元；一个"政治行动委员会"的捐款不得超过5000美元；个人一年可以资助选举的捐

好莱坞是给各政党(尤其是民主党)的捐钱大户。图中
文字：左边"好莱坞软钱树"，下面："吃一口吧"

款，不得超过 2.5 万美元。同时也规定了竞选的总花销不得超过一
定上限。就是说，就算我是比尔·盖茨，对某个候选人情有独钟，严
格地说，我一年最多也只能掏两万五千美元来支持他当选。当然
了，如果我发动自己的七大姑八大姨、公司的各个员工在各级选举
中"捆绑"支持各方选举人，我可能发动的钱还是很可观的。但总的
来说，不可能大到可以操控一个选举结果的地步，离我让总统议员
来给我捶背洗脚的愿望还是遥不可及。

　　可以看出，这个法案的宗旨是：分散竞选资金的来源，避免某一
个集团或者个人利用其财力来操控选举的结果，努力使公民对选举
结果拥有相对平等的影响力。可以说，1971 年的竞选法案是"政治
平等"的一个胜利。不过，这种对"政治平等"的追求，很快遭遇到一

个挑战。政治平等和政治自由之间古老的悖论,在竞选筹款问题上,显露了出来。

1975 年,参议员 Buckley 向最高法院上诉,称 1971 年的"联邦选举法案"违反了宪法修正案第一条。因为限制选举捐款和花费就是限制了政治辩论的深度和广度,从而限制了"言论自由"。最高法院1976 年对这个案子的最后判决是中立性的:它对"个体捐款数量"和"候选人花费总额"作出了区分,保留了对个体捐款数额的限制(即个人的 1000 美元限制和"政治行动委员会"的 5000 美元限制),但是废除了对一次选举花费总额的限制,因为这种限制"势必减少讨论的议题、探索的深度、听众的数量,而现代大众社会里,任何一种大众沟通交流都需要花费金钱"。可以说,1976 年这场法庭战役,"政治平等"和"政治自由",各有胜负。

然而,上有政策,下有对策。活人不能给尿憋死,更不能给钱憋死。虽然"联邦竞选法案"对个人捐款的数额作出严格的规定,那些被捆住了手脚的银子却贼心不死,于是它们逡巡在选举过程周围,见缝就钻,见空就插,这样就出现了两个后果:

一是公司、工会等组织的"政治行动委员会"如雨后春笋般兴起(毕竟,5000 美元的捐款限制要更宽松)。比如 1979 到 1980 年"政治行动委员会"选举捐款只有 6000 万,而 1999 到 2000 年则高达 2.6 亿美元。如前所述,近期的选举中,"政治行动委员会"的捐款占竞选资金的四分之一左右。由于"政治行动委员会"主要是由公司、工会或一些民间利益集团组织的,它的捐款逐步增加,使人们开始担心政治变成政客和"特殊利益集团"之间的交易场所:利益集团把政治家送上宝座,政治家在宝座上给特殊利益集团输送"政策优惠"。

另一个后果就是"曲线救国",通过"软钱"来影响选举。"软钱"是指捐给政党、用于非促选目的的"建党"捐款,因其数额不受法律限制,所以称之为"软钱"。按照法律规定,原本这样的捐款只能用于本党的基本建设和运转,而不允许用于推销某一个候选人。但是,20世纪七八十年代起,随着对"硬钱"的管制越来越严,两党逐步发明出一种钻法律空子的方法:从公司、工会、富人或其他组织那里筹"软钱",然后用"软钱"给候选人作"议题广告"(Issue Ads)。广告中不提及候选人的名字,所以不违法,但是又推销了某候选人的政策,从而间接地搭售了这个候选人。就是说,如果我是比尔·盖茨,虽然我一年只能捐2.5万"硬钱"给某党候选人,但是我却可以捐100万"软钱"给这个党。因为"软钱"数额不受法律限制,所以它对选举的影响力直线上升。比如克林顿1992年当选之后的18个月里,各政党"软钱"的筹款仍只有4600万美元,而2000年布什当选后18个月里,各政党筹了2.56亿"软钱"。事实上,2000年选举年,两党共筹集了5亿"软钱"来影响各级选举。由于"软钱"的大部分捐款者,是公司、工会和富人,这就进一步强化了人们对腐败的"政治交易"的忧虑。

顺便说一句,如果想当然地认为是"富人党"共和党从"政治行动委员会"和"软钱"中受益,而"穷人党"民主党只能站在一边流口水的话,就大错特错了。不错,共和党历年来"化缘"能力比民主党强,但是,在"政治行动委员会"和"软钱"的筹款能力上,民主党和共和党实际不相上下,比如2001—2002年选举周期,民主党筹集了

2.46 亿"软钱",而共和党筹集了 2.5 亿,基本持平。大多数情况下,共和党的优势恰恰是体现在它对"散户"的号召力,尤其是捐款 200元以上、1000 元以下的"散户"的号召力。究其原因,一方面据说是共和党走街串巷的群众工作做得好,另一方面是共和党的主要基础是中产阶级中上层,而这些人吃饱喝足之后,总还有几个余钱可掏。

正是因此,不难理解为什么"清除软钱"的竞选筹款改革方案,恰恰是共和党执政期间通过。从 1997 年起,麦凯恩等议员就开始在国会提案改革竞选筹款机制,禁止"软钱","洗涤政治"。2002 年 2月,"两党竞选改革法案"在国会通过,3 月,布什签署该法,同年 11月 6 日生效。该法案的主要条款是:禁止"软钱",即各政党不得再接受任何"建党资金";工会、公司和其他民间组织在初选之前的一个月内和大选之前的两个月内,不许在电视广播里打"议题广告",挂羊头卖狗肉;同时也提高"硬钱"的上限(比如,个人捐款数额从 1000美元上升为 2000,个人一年可以用于支持选举的钱数最高从 2.5 万上升为 4.7 万左右)。就是说,如果我是比尔·盖茨,我现在一年最多只能掏四五万的"硬钱",但是一分钱"软钱"都不能掏了。从此以后,六位数以上的政党捐款就是违法的了。事实上,在 2004 年的选举中,"软钱"的确销声匿迹了。可以看出,这个法案进一步打击了集团捐款和超级富豪的力量,增强了散户的力量,尤其是中产阶级的捐款力量。毕竟,美国是一个以中产阶级为主的社会,羊毛还需出在羊身上。

自然,"政治平等派"的这个胜利,是对"言论自由派"的一个重大打击。不到一个月,从美国最大工会 AFL-CIO 到共和党议员

McConnell，从基督教联盟到民权联盟，这些昔日的"敌人"，竟然团结起来，共同把"联邦选举委员会"告上了最高法院，称这个新法案"违宪"，认为它禁止集团或者个人向其支持的政党"慷慨解囊"，是对"言论自由"的公然践踏。2003 年 12 月 3 日，最高法院作出裁决，以 5 比 4 的微弱优势，裁定该法案"合乎宪法"。可以说，"政治平等派"在一个更高的山头插稳了旗帜。

　　总的来看，从 20 世纪 70 年代开始，美国竞选法案是沿着"政治平等"的方向前进的。虽然那些走投无路的"软钱"目前还在寻找影响政治的方式（据说目前的逃窜方向是具有党派倾向的民间团体），虽然"言论自由"派还在为有话不让说而愤愤不平，但是选举改革的方向，始终是防止经济上的不平等转换为政治上的不平等。马克思说资产阶级社会里的自由是资产阶级的自由，但是观察美国竞选法案的变迁，我们发现"资产阶级言论自由"，在选举捐款问题上，实际上是在一个被围追堵截的过程中。虽然美国的各种选举花销惊人，但其中个体选民捐款的比重和数量越来越大，比如 2000 年选举周期中，个人捐款总额是 15 亿美元，但是 2004 年个人捐款总额则达到 25 亿，为涨幅最大的一个来源。如果民主选举是一场盛宴，正是成千上万个名不见经传的、出于个体利益或者信念而从自个儿腰包里掏钱的"小人物"，自告奋勇地在给它"买单"。

建设世界一流中小学

    中国高校的发展正处于一个"大跃进"的阶段。据统计,1998 年中国的大学招生人数还只有 107 万,到 2005 年已经有 500 万左右,不到十年,升学率从 9％上升到 21％。这种"大跃进"趋势对高等教育本身的贡献有多大不甚清楚,但是它的财政后果却令人堪忧。前一段,媒体曝光说吉林大学欠贷 30 亿,引发许多高校都纷纷出来吐苦水,"倾诉"自己的财政问题。

    其实,高校的财政危机是整个社会缺乏"财政问责体制"的一个表现而已。它与政府给一些效率低下的国企"有去无回"地砸钱异曲同工,甚至在某种意义上更糟:国企产品质量如何、竞争力如何,市场还可以检验,教育质量如何检验就要难得多;国企缺乏竞争力还可以通过拍卖、并转甚至破产等方式重组,高校哪有这么容易重组? 如果说公共投资的一个弊端是"财政软约束",那么高校财政体制是这个"软约束"问题里最软的环节之一。高校管理层大约也正是因为看透了这一点,所以才抱定一种"大学请客,政府买单"的态度搞"大跃进"。

"不让任何孩子掉队"项目增加了对学校考试通过率的要求，但是上有政策，下有对策，学校的对策就是降低考试标准。图中文字："对不起，联邦政府要求学生们阅读流利程度到达百分之百，你必须把栏杆挪下来一点"

　　高校这种"我请客，你买单"的轻浮态度，正好与政府"建设世界一流大学"的虚荣心一拍即合，导致了大量公共资源稀里糊涂地流入高校、不明不白地被花掉。一方面，中国的基础教育投资稀缺，许多孩子们识字的机会都没有；另一方面，我们成天嚷嚷着要"建设世界一流大学"，一会儿"211工程"，一会儿"985工程"，钱哗哗地往高校倒。"一流大学"的愿望虽然美好，但我总觉得有点家里这边还缺米下锅、那边就非要跟邻居比谁家计算机配置更先进的意思。

　　就在中国这些年忙着"建设世界一流大学"的时候，美国近年的一个重头戏却是"建设世界一流中小学"。

美国的中小学教育和中国的中小学教育,似乎是一个连续谱的两个极端。中国的孩子学习书包重课业难补习班层出不穷,是作业和成绩的奴隶,美国则似乎相反,孩子作业少课业简单放学早课外活动多……一个极端固然不好,另一个极端却未必就好。调查表明,美国中小学教育质量不佳。2003 年 OECD 的一个报告指出,在38 个被调查国家中,美国 15 岁学生的数学能力排 24,科学能力排19,阅读能力排 12,解决问题能力排 26。在一个竞争激烈的全球化时代,一个国家放弃基础教育,就是放弃未来。美国这样一个一心领导世界的国家,怎么会听任自己的中小学教育沦为"二流"呢?

"不让任何孩子掉队"(No Child Left Behind)的教育改革方案,就是在这个背景下出台的。它是联邦政府针对公立中小学的一场教育改革,2001 年底国会通过,2002 年初由布什签署,至今已经5 年。

这个改革的宗旨就一条:让公立学校对公共资金负起责来。其核心举措是用标准化考试的方式对 3 到 8 年级的学生的阅读和数学能力进行年度检测,以此衡量公立学校的教育质量。如果学校连续两年不能提高学生的阅读和数学能力,那么就应该允许学生转到别的学校去。如果连续五年没有改进,就可能更换该校的领导管理层。当然,该法案还包括其他的重大举措。包括加大联邦政府的教育投资力度;考核教师的水平,给教师的"上岗"设立一个门槛;让家长对学校教育方式有更大的发言权,也给家长更大的择校自由等。

这个教育改革的本质,可以说是"将竞争机制引入计划经济"。美国教育部声称,此项教育改革 5 年来成效显著:9 岁儿童过去 5 年的阅读能力提高程度超过之前 28 年的总和，为 1971 年以来最高；数学能力也是 1973 年以来的最高点（13 岁儿童的数学能力则为有史以来最高）；9 岁黑人和西班牙裔儿童的数学能力达到新高，白人学生和有色人种学生的差距缩到有史以来最小。

当然，这项改革也不是没有阻力。最大的阻力，显然来自于教育系统内部。这其实不难理解，以前我就是制造产品就行了，现在你非要加一道产品质量检验的程序，还要考核我的技术水平，我当然不乐意了。教师本来就是工会势力的"重镇"，加上政府的钱谁花起来都不心疼，所以说这项改革的确是触动了一个重大利益集团的根基。

但是，另一方面，也不能不看到，这项改革带来一些意想不到的不良后果。比如，由于标准化考试的标准是州政府决定的，一些州为了"出成绩"，刻意地压低自己的考核标准；又比如，不少老师抱怨这种考核方式只是鼓励"应试教育"，并不一定真正提高学生们的水平；还有人指责联邦政府投资力度不够……当然，这些批评很大程度上是技术性的，对"公共教育质量应该有评估标准"这个核心，并没有太大争议。

其实，这项改革体现的是民主体制的基本精神之一：公共资源要对公众负责。让贪官污吏们公款吃了喝了固然令人痛心，但即使是用在公共事业上，如果对这些钱花的效率效果不闻不问，一味砸钱"连个响"都听不到，同样是浪费的一种。事实证明，公共教育是投资的问题，但不仅仅是投资的问题。如果没有对教育质量进行考核的问责体制，再多的钱都可能打水漂。比利时人均教育投资只有美国的一半,但因为开展公立学校之间的竞争,学生水平远在美国之上。虽然考核体系可能强化教育中的"应试"成分,但美国不是中国,孩子们不必背着小山一样的书包起早贪黑地做作业,而是孩子们书包都用不着背,下午三点就放学,青少年中吸毒怀孕暴力事件层出不穷。这项改革的目标并不是用学习成绩来衡量学生并以此决定他们的未来,而是用考核来衡量学校的教育质量从而督促校方和教师尽责尽职。

就在中国忙着"建设世界一流大学"的时候,美国却在忙着"建设世界一流中小学"。中国的某某大学又上了某某大学排行榜固然鼓舞人心,不过我总觉得先吃饱肚子再跟邻居比计算机配置更合情合理。事实上,即使就"效益"而言,重视基础教育也是一件"合算"的事。据统计,教育投资的社会回报中,初等教育回报最大,高等教育最小。发展中国家尤其如此,初等、中等、高等教育的社会收益率分别为 23%、15% 和 11%。道义上就更不用说了,如果说建成几个世界一流大学是为中国"锦上添花",那么填补基础教育的财政漏洞则是"雪中送炭"。政府的职责到底是锦上添花还是雪中送炭,我觉得,这事没什么好讨论的。

怎样悼念死者

2007 年 4 月 16 日,河南平顶山发生矿难,33 个工人死亡。

我们想象一下这样的悼念规模:天安门降半旗 5 天,胡锦涛总书记第二天前去慰问,中国所有的媒体连续跟踪报道,河南省长宣布第四天为全省悼念日,并成立独立调查小组调查煤矿责任,矿主举行声势浩大的烛光集会,并为全矿人员提供免费的心理咨询服务,死者生前投保的保险公司立刻启动赔偿机制……

可惜,这 33 个工人没有得到这么隆重的悼念,得到如此悼念的,是美国弗吉尼亚州理工学院里同一天死去的 32 位师生。

平顶山矿工的死,还没来得及在各大媒体中露上一脸,就很快沉没在"辽宁铁岭钢厂钢水包脱落 32 人死亡"、"河北邯郸煤矿爆炸死亡 11 人"这样层出不穷的新闻里。过多的死亡让每一次死亡的意义贬值,无论听上去多么残忍,这就是事实。

那么难道我们就不悼念死者了,就当 33 个工人仅仅是一个数字、任其淹没在其他那些数字里了?

2006 年初沙沟矿难是美国最近的一次大型矿井事故，引起了一系列政府相关立法

　　当然不能。如果我们不大可能用降国旗、用最高领导人慰问、用媒体铺天盖地的报道来悼念死者，至少我们可以用制度改进来悼念他们，而且很可能，这也是最让他们死而瞑目的一种纪念。

　　美国曾经也是矿难频繁的国家，但是每一次大的矿难，都转化成了相关制度改进的机会，致使矿难发生频率不断下降，从 20 世纪初年均 2000 多个人死亡到 50 年代年均 500 多人死亡，再到 90 年代年均 93 人。到现在，煤炭开采行业已经成为"本质安全行业"，劳动安全性甚至好于农业、建筑业和零售业。百万吨死亡率只有中国的百分之一。

　　我们来看看在美国"事故"如何推动制度改进。

　　1907 年，美国发生了其历史上最致命的一次矿难，西弗吉尼亚的一次爆炸夺走了 362 个人的生命。当然,这只是当时频繁矿难中的一次。1910 年美国矿务局的成立,很大程度上就是迫于当时的"民愤",其主要功能是通过发展科研、技术来提高采矿的安全系数。美国 20 世纪上半期矿难频率的下降,很大程度上就是因为矿务局资助的科研成果。

1951 年,伊利诺伊州一个煤矿发生了 23 年来全美最严重的爆炸,119 人死亡,直接导致了 1952 年"联邦煤矿安全法案"的出台。该法案确立了煤矿年检制度,规定了煤矿的安全标准,同时联邦巡视员被赋予了下令违规煤矿停产的权力。

1968 年的西弗吉尼亚矿难又是 1951 年以来最大事故,78 个矿工死亡。这又导致了 1969 年的一个重大立法:"联邦煤矿健康和安全法"。这个法案不断完善,1977 年定型。其主要规定包括:每个煤矿一年必须有四次巡视员检查;除了常规检查,任何矿工都可以随时主动申请联邦巡视员下来检查,并且不能因此受到雇主威胁;安全标准进一步严格化,违规煤矿必须接受罚款甚至刑事诉讼;所有煤矿都必须成立救援队;每个新矿工都必须接受 40 个小时的安全教育,每年还必须有 8 个小时"复习"教育内容。这个法案的执行明显降低了矿难数量,到 2005 年已经成功地使美国的矿工死亡率下降了 2/3。

2006 年 1 月的沙沟矿难,则是近年美国最大的矿难,12 人丧生。作为对这件事情的反应,美国当年就通过了"2006 矿工法",更新 1977 年的"安全法"。该法案要求煤矿三年之内必须建立电子监控和无线双向沟通系统;对违规的煤矿罚款额度提高了 4 倍;要求矿主必须在 15 分钟内报告已知的矿难事故等等。

从以上"事故"和"立法"的对应关系，我们可以看出，至少在煤矿安全问题上，美国的政治体系有一个通畅的信息吸收和反馈机制：面对问题，做出反应，制度改进，问题减少。什么是民主？这就是民主。民主不是很多人所不屑的那样是"知识分子的口号"，民主就是 1910 年矿务局的成立，就是 1952 年的《联邦煤矿安全法案》，就是 1969 年《联邦煤矿健康和安全法》，就是 2006 年的《矿工法》。

　　当然，所有美好的法律都必须有充足资源才可能执行。目前，美国矿务安全和健康局基本保证了每 4 个煤矿就配有一个巡视员，可见其投入之大。更重要的是，法律只有在权力制衡的条件下才能得到保证。我们能设想美国的矿工甲一个电话就可以要求联邦巡视员下来，如果巡视员不来，他可以要求工会干预，或者把矿主、矿务局告上法院。就算中国有这样的法律，我们能想象这一点吗？矿主、工会、法院、矿务局，很多人可能会嘀咕，是一家吧。

　　一个社会有问题不可怕，可怕的是缺乏一个政治体系去消化问题、改进制度，而制度的纠错能力又绝不仅仅来自于某个部门或者领导的"良知"，而来自于"分权"的智慧：不同权力部门的"分家"，从而使弱势群体多几个安全阀。

　　目前，中国生产全世界 35％ 的煤，却占据了矿难死亡人数的 80％，百万吨死亡率是美国的 100 倍，甚至是印度的十倍。一年四五千的亡灵里，平顶山的那 33 个工人只是小小一朵"浪花"。对他们真正的悼念是什么？也许不是降半旗，不是烛光集会，而是让他们活着的工人兄弟在立法机构、在政府、在法院面前，都有权利说话，从而通过制度的改进挽救无辜的生命。

有病的政治与治病的政治

中国 2003 年治理非典的时候,各级领导,各界群众万众一心、众志成城,集中调动人力、物力、财力,将 SARS 扼杀在摇篮之中。但是人民的生病问题,长远来看,终究不可能靠"运动"的方式来解决。在医疗保障体系仍然很薄弱的中国,我们还是要面对一个简单的问题:一般的人,在一般的地方,生了一般的病,该怎么办?

运动的脂粉拭去之后,还是要回归制度。这个制度可能是个什么样?也许西方的经验和教训可以作为一个参照。我们不妨从一个简单的问题开始:一个美国人生了病怎么办?

一般情形下,如果一个美国人有工作,他的工作单位会从私人的保险公司为他买保险,生病时,他拿着保险卡去看医生,看完了病,医生会把账单寄到保险公司,保险公司再把钱寄给医生。其间虽然病人也要付一些手续费或分担一些费用,但总的来说,病人不至于被医疗账单压死。

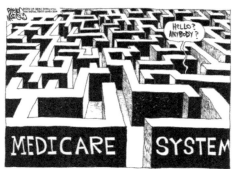

▲ 美国医疗体系错综复杂，却效果不佳。图中前方文
   字："医疗体系"，后面引文："喂？有人吗？"

▼ 保险公司对医疗费这不报，那不报，所以病人去看
   病总是胆战心惊。图中文字："听上去有多贵？"

也就是说,一个四角关系支撑了美国最通常的医疗保障体系:单位,保险公司,医院(及私人诊所),个人。可以看出,这是个"市场主导"的医疗保障体制,私人保险公司是这个制度的灵魂。那么政府就在一边闲着,悠哉游哉地看保险公司被各类疾病死缠滥打?当然没有这么便宜的事。对于老人或者残疾人这些医院的"常客",保险公司避之唯恐不及,就把他们推给了政府。所以美国政府就资助一些公共医疗保险项目(其中最大的两个:MEDICARE 和MEDICAID),为 65 岁以上的老年人、残疾人和极度贫穷的人提供医疗保险。实际上 2000 年美国只有 55％左右的医疗支出来自于私人保险公司,其他的医疗支出则来自于政府。二者加起来,美国社会的医疗支出占 GDP 的 15％左右。

这样看来,在美国生病不是什么让人心惊肉跳的事:年轻时,有保险公司撑着;年老时,有政府撑着。市场和政府这么左扶右搀着,群众就可以放开手脚生病了。

当然,我描述的这幅图案这么美好,连我自己都不相信了。这幅美好图案当中还有很多裂缝、漏洞和污点,正是因此,医疗保险制度在美国也是一个激烈的政治斗争场所。

正如在中国,美国也有一个低收入人群,这些人可能买不起保险,又不够格政府的资助,这样就出现了一个市场和政府都无法覆盖的空白区,这一空白不要紧,一空就空出了 4000 多万人口。这也就是为什么很多美国公众会对布什先生愤愤然——他肯花数千亿美元打一场必要性很可疑的战争,却不肯用这钱的九牛一毛来扩大公共医疗保障的覆盖率。

所以说，由私人保险公司一统天下的医疗保险制度也不是没有问题。它的问题就是：不平等和不确定。不平等是显而易见的，除了把一大群穷人扔下不管以外，就是好不容易挤进保险体系的人，获得的服务也是参差不齐。有钱人比如超级名模 Claudia Shiffer，可以把她那张脸蛋保个 500 万美元，没钱的人比如我，因为学校买的保险不包括牙医，只好亲自与牙疼做殊死搏斗。简单地说，就是"只许大款抽风，不许百姓牙疼"。

　　"不确定"也是一个问题。保险公司高兴的时候，龇着满嘴金牙冲你微笑，不高兴的时候，一个白眼就可以把你翻下悬崖。比如有一回，我想找保险公司报销一个账单，结果它一个斩钉截铁的"不"字，让我伸出去的手又只好缩回来。

　　但是，将"市场主导"型的医疗保险制度改革成"政府主导"型的，就皆大欢喜了吗？这也很难说。一个最显而易见的问题就是：政府资助公共医疗的钱从哪来？无论通过高税收还是通过财政赤字，都会引起巨大的经济甚至政治风险。

　　由于美国有严格的医疗责任体制，一个医生如果误诊，很可能被告到破产。所以美国的很多医生有"小病当大病治"的传统，这个传统对病人当然是好事，但是保险公司就不干了：一个小小感冒，你愣是当肺炎治，这不是把保险公司往火坑里推吗？而且这种"小病当大病"治的传统，对于病人，长远来看也没有什么好处，因为医院用病人的账单来压保险公司，保险公司就用市场价格来压社会公众。最后医院也挣钱，保险公司也发财，就只见公众跟在暴涨的保险价格后面跑得人仰马翻。4000 万人买不起保险，和这也不是没有关系。如果说在"市场主导"的医疗保险制度下，医生和保险公司之间的掐架还能形成一种制衡，那么在"政府主导"的体制下，医生就可以更加肆无忌惮地"呵护"病人了。这时候跑得人仰马翻的就不是公众，而是政府的财政预算了。

由此可见，医疗保险制度，无论是由市场主导，还是政府主导，都有好处和不足。这完全是由于个人、市场、政府三方面的勾心斗角造成的：个人要治病；医药研发公司、医生、保险公司要发财；政府要控制赤字；哪一位大爷都得罪不起，让群众在疾病面前坐以待毙，政治家们的选票就没了着落；让医药公司赔本，就没有人研制新药好药；政府财政失控，那我就不知道会发生什么了。总而言之，"以选票为本"、"以资本为本"和"以人为本"相互较量，打造出美国社会中生病的政治经济学。

当然了，至于哪种医疗保险制度更好，如何平衡市场和政府的作用，又有哪些东西值得中国借鉴，按照一种政治上稳妥的说法，应当视国情而定。至于国情是什么，我没有能力鸟瞰，不过我琢磨，无论国情是什么，它都不能是动物世界吧！动物们在荒郊野岭里默默无助地死去，进化了这么几百万年，我们应当比那更有尊严一点点。

在政府和市场之外，美国饶舌的公民社会在生病治病这事上自然也有话要说。一天上午，我在睡梦中被窗外敲锣打鼓的声音吵醒。醒来后往窗外张望，看见人山人海在游行。仔细一看，原来是美国一年一度的"艾滋行走"筹款活动。这项活动各大城市都有参与，仅纽约市去年的"艾滋行走"，就有 4 万多人参加，为艾滋病人筹款近 500 万美元。

看着那些叽叽喳喳的中学生们摇晃着大旗小旗，为那些社会边缘人的边缘病而在阳光下行走，体会着其中的宽容、同情，还有阳光与人道汇集起来的美，我当即就做了一个梦，我的梦其实很简单，就是希望他们脚下的街道是在中国。

有钱人该交多少税？

2007 年 6 月 26 日，当今世界上第三有钱的人，股神巴菲特，在希拉里·克林顿的一次竞选筹款会中抨击美国的税收制度，他说，他去年的个人收入是 4600 万美元，但是他的联邦税率是 17.7%，而他公司的前台接待人员的联邦税率竟然高达 30%。可见，美国的税率"劫贫济富"，是不公平的。

作为世界上第三有钱的人，巴菲特先生竟然嫌政府收自己的税收得太少了，可见其个人觉悟之高。但是就在巴菲特超越自己的资产阶级立场为中产阶级的利益呼吁时，中产阶级哈佛经济系教授曼昆却似乎不怎么领情。在 7 月 15 日的纽约时报上，曼昆教授指出，巴菲特所传达的信息是有误导性的。事实上，美国的联邦税率的确是累进制的：最穷的 20% 人口（平均年收入 15400 美元）收入税率为 4.5%，中间三级的税率分别为 10%、14%、17%；最富的 20% 人口（平均年收入 207200 美元）联邦税率为 25.1%，最富的 1% 人口（平均年收入 126 万美元）联邦税率为 31.1%。巴菲特先生之所以税率只有 17％，是因为他的大部分收入来自于股票之类的资本收益，而资本收益的税率为 15％。而且，在巴菲特交 15％ 个人所得税之前，他持股的公司已经交了 35％ 的公司所得税。在这个意义上，他实际上是被征了两轮税。

显然，这场争论涉及的是一个永恒的、敏感的政治问题：富人该交多少税？

现在，全世界几乎所有的国家都建立了累进制的税率：穷人少交税，富人多交税。多少算"多"、多少算"少"呢？如果说 19 世纪西方国家的"左右"之争争的是要不要革命，那么今天他们的左右之争很大程度上就体现在累进税率问题上。富人交的税越高，社会的福利色彩越重，财富越趋向于平等；富人交的税越低，越可能刺激社会的创业精神，但是财富也越趋向于集中。这事之所以争不出个所以然来，就是因为人类热爱平等，但是同时又担心，失去了创业精神，平等往往沦为"平等的贫穷"。正是因此，哈佛两个重量级的政治哲学家，偏左的罗尔斯和偏右的诺齐克，一个说福利制度合乎正义，一个说福利本质上是抢劫，吵了一辈子也没有吵出胜负。

客观地说，巴菲特和曼昆的分歧所涉及的并不是美国穷人与富人的税率累进问题，而是富人与超级富人之间的税率累进问题。巴菲特公司的前台接待人员收入税率高达 30％，说明他的收入很可能在 20 万美元左右（加入州税因素），这在美国已经基本属于最富的 20％ 人口了，因此很难说为他说话是为"穷人"撑腰。从上面提及的 4.5％、10％、14％、17％、25％、31％ 这六个数据来说，从最穷的 20％ 到最富的 1％，美国的联邦收入税都是严格累进的。

巴菲特虽是财经界大腕，但也积极参政议政。图为他在一次希拉里竞选筹款会上

但并不能由此得出结论说巴菲特的话没有道理，为什么呢？

众所周知，由于近年来科技经济的发展、对冲基金的兴起以及大公司 CEO 的薪金屡创新高，美国涌现了一批超级富翁。这些超级富翁之富，已经把一般的中产阶级远远地甩在了后面，扩大了美国的贫富差距。据统计，美国最富的 0.1％人口收入占国民税后收入比例已经从 1980 年的 3.7％跳跃到了 2002 年的 7.4％。1990 年到 2002 年，美国底部 90％的人口收入每增长 1 美元，顶部 0.01％的人口（大约 14000 户家庭）就增长 18000 美元。由于这些顶级富翁大量收入来自于资本收益,而资本收益税率只有 15%,因此才出现超级富翁比一般中产阶级税率低的奇怪现象。也就是说,美国的税率在前 99%的人口中都是累进和相对公正的,但是到最后 1%"晚节不保",骤然就平了甚至滑了下去。巴菲特作为一个充满社会责任感的超级富翁,正是对这种断裂不满。

可以看出,问题的实质在于,美国的联邦税制发展没有适应"新经济发展带来大量超级富豪"这个变化。这个问题也是民主党和共和党斗争的战场之一。布什政府 2001 年刚上台的时候推出一个减税方案,尽管这个减税方案对每一个阶层都减了税,但是这个减税方案最大的受益者是最富的 1%人口。有统计表明,被减去的税中,53%流向最富的 10%人口,其中 15%流向最富的 0.1%人口。2001 到 2006 年美国收入最低的 20%人口通过减税收入只提高了 0.3%,中间 20%的人口同比为 2.5%,但是最富的 0.1%人口同比为 5.4%。客观地说,是经济结构的变化而不是税制或者税改"造成"贫富差距的拉大,但是税制显然没有适应经济结构的变化而起到缩小贫富差距的作用。

民主党"乘虚而入",大加指责布什政府如何沦为超级富豪的代言人。尤其是在民主党 2006 年中期选举赢得两院多数席位之后,对布什政府减税政策的抨击尤其加剧。2007 年 6 月民主党议员列文干脆提出议案,要求将资本收益中的一个核心部分税率从 15%增加到 35%。2004 年大选的时候这个话题已经成为两党辩论议题,2008 年选举这又是一个热门话题。各个民主党候选人都已经纷纷表态,主张让布什的减税方案到 2010 年过期作废。共和党则奋起反驳,指出资本收益和工资收入的不同在于,资本收益本质上历经两次收税,在个人层面上收 15% 所得税之前,已经在公司层面上被收了一次 35% 的公司所得。再给资本收益加税,很可能挫伤资本市场投资的积极性。作为给读者的一个参考信息,在中国,资本收益作为个人所得是不收税的。即使在加拿大这样的高福利国家,也只有 50% 的资本收益要按一般所得税税率交税,另一半不收税。

　　到底要不要给富人增税,本质上是在效率和平等之间找到一个平衡点。给富人增税的原因不应当仅仅是我们看不惯他们富有,而是增税长远来看有利于经济或者社会福利。税率高虽然为社会再分配提供了基础从而有利于穷人,但是如果挫伤投资积极性导致"蛋糕变小",长远来看对穷人也不是好事。毕竟,当年里根的减税政策促进了美国 1980 年代经济的复苏,布什政府 2001 年的减税方案也为美国经济从"9·11"的阴影中走出做出了贡献。而且不管民主党如何抨击布什的减税方案,一个不容模糊的基本事实是:虽然 2004 年全美最富的 1% 人口收入占国民收入的 16%,同年他们也交了 36.7% 的联邦个人收入税以及 25.3% 的全部联邦税,而 40% 的底层人口,由于低税收和税收信用返还项目,本质上没有交联邦个人收入税。布什的减税方案之所以不能给穷人带来收入大幅度增长,很大意义上是因为穷人的税已经几乎减无可减了。但是另一方面,穷人少交税和富人多交税的政策也没有阻止美国社会贫富差距加大,那种一小部分人穷奢极欲而更大部分人在温饱线上挣扎的画面,有悖于我们人类作为一个共同体的基本伦理准则。所以这么看来,在今天的美国,诺齐克和罗尔斯虽然已经分别于 2002 年去世,他们的幽灵还得接着打下去。

越民主，越低效？

　　集权制度的拥护者比较常见的一个论点是：权力集中可以提高效率，"集中力量办大事"，没有那么多叽叽喳喳的辩论和不同团体之间的牵制。这个观点不无道理，最直观的例子莫过于中国大跃进期间的"大炼钢铁"，短短几个月，上亿人给动员起来轰轰烈烈地炼钢。那个"效率"，令人瞠目结舌。

　　然而，长远来看，集权制度真的促进效率吗？"高效"的炼钢运动生产出无数废铜烂铁导致资源的低效利用。"高效"的人民公社化运动带来的是 20 年低效的农业生产。如果我们把非理性决策所带来的人力财力和资源浪费、机会成本、民众和政府之间的信任损失计算进来，集权制度还真的是最有效率的制度吗？当然并不是所有的当权者都是非理性的，也并不是所有的民众都是理性的，但是，民主的意义恰恰在于：通过不同团体间的观念碰撞，使理性有更多的机会发出声音。

　　最近厦门 PX 化工项目引发抗议、神华集团煤变油项目将要停

福利平等篇

工这两个新闻,都再次说明了决策的"高效"未必是社会的福祉。不民主、不理性的"高效"决策,不过是通过把问题置后或者外部化来掩盖其社会成本而已,而社会成本在那里,"迟早都是要还的"。厦门政府未经与民众充分讨论就引进了环境风险较高的 PX 项目,导致厦门人风起云涌的抗议,致使厦门政府不得不同意缓建该项目;而神华集团的煤变油项目,在投了 100 多亿之后,政府突然"顿悟"该项目耗水量太大,使许多人不禁感到奇怪,鄂尔多斯地区又不是今年才开始缺水,为什么在 100 多亿砸进去之后才想到这个问题?

Public Hearings

for the

Sheboygan County Health and Human Services Department

Thursday, June 19, 2008

1:15 P.M. – Plymouth Senior Center
(910 East Clifford, Plymouth)

5:00 P.M. – Sheboygan County Administrative Building – Room 302
(508 New York Avenue)

The purpose of these Public Hearings is to obtain input regarding the current as well as future programs, services and priorities prior to developing the 2009 budget for the Health and Human Services Department. The Department provides and purchases services and programs for individuals, families and children related to mental illness, developmental disabilities, chemical dependency, child abuse and neglect, adult protection, juvenile delinquency, physical disabilities, aging, health promotion, disease prevention programming and economic and work support services.

If you are unable to attend these hearings, you may submit your comments in writing to Ann Wondergem, Health and Human Services Department, 1011 North 8th Street, Sheboygan, WI 53081 by August 8, 2008. Information can also be faxed to (920) 459-4353 or e-mailed to HUMSERV@co.sheboygan.wi.us

Individuals with a disability needing assistance to attend or participate are asked to notify Alyce at (920) 459-3155, at least 5 business days prior to the meeting so that accommodations can be arranged.

某县一次听证会的通知书,内容是就 2009 年该县的健康和服务部预算征求公众意见

民主的细节:当代美国政治观察随笔

其实,公民参与决策过程并不见得会降低"效率"。它可能会降低"政策制定"的效率,但是它往往会因为切合民意而提高"政策执行"的效率,而且它可以通过提高决策的合理性来提高资源利用的效率。一个聪明的政府,应当欢迎民意。

欢迎民意的方法之一,就是就公共事务举行公众听证会。不是花瓶式的听证会,而是要通过辩论去粗取精地提炼民意。在这一点上,美国的经验可以作为一个参考。我们不妨以一个名不见经传的美国小县城,马里兰州的蒙特哥莫利县的县议会为例子,从一个小县城的听证会程序来看美国地方政府如何"吸收"民意。

根据该县法律,县议会所有的重大决策都必须有公众听证。这个程序是这样展开的:首先,县议会要通过地方报纸以及网络提前将听证会的广告发布出去,任何想在听证会上发言的公民都可以打电话去预约发言。由于一次听证会能容纳的发言人有限,不能保证每个人都能获得发言时间,但是在具有重大争议性的问题上,必须保留所有发言申请人的名单。

听证会上,工作人员为了保证不同意见都能得到发表,事先会询问发言者的"立场"。然后根据其立场,把他们分成五到六人的小组,依次到前台发言。无论普通公民,还是政府或非政府组织的代表,每人讲话3分钟。发言者可以带自己的支持者来做听众,还可以要求他们在自己发言结束时站起来以显示他们的"声势"。当然,人数不应该是立法委员决策的唯一依据。

众人发言完毕,立法委员开始提问,确保他们理解了民意。会后,所有听证会资料要备案保留,并允许公众查询。

这些听证会都是什么议题呢？我随手查询了一下该县本周的听证会记录，一共六项：两项关于土地规划，两项关于拨款，一项关于租房的规范，一项关于供水和排水系统。下周一共五项：两项关于拨款，一项关于经济增长的政策，一项关于交通安全，一项关于某项政府收费条款。

除了听证会，不愿口头发言的人也可以提交书面声明，立法委员对这些书面材料需要一视同仁地重视。为了检验议会是否"听进去了"民意，议会的决策会议、专门委员会会议也必须公开。每一天的工作日程都需提前公示；电视转播会议现场；公民可以电话收听会议；如果错过现场，可以去网上查询录像资料。此外，政府有每周的工作报告供公众免费电邮订阅。总而言之，力图确保公民对决策全过程的知情权。

如果去查询美国大大小小各级议会的工作程序，会发现它们大同小异，大多遵循这种信息公开化、程序透明化、参与开放化的原则。我不知道这些保证公民知情权和参与权的程序在多大程度上降低了决策效率，但是我相信这些程序会使"人群密集区附近建化工厂"、"先砸100亿再考虑项目划不划算"之类现象出现的概率大大降低。"叽叽喳喳的辩论和团体之间的牵制"或许不是一幅优美的画面，但它也许是在用"短痛"去避免"长痛"。如果当初厦门人可以拿起电话说："喂，我想参加下周二的PX项目听证会……"也许后来就不会出现市民与市政府之间的对立僵持。

中国由于各级人民代表大会并非常设机构，主要政府决策落在行政部门，所以听证会主要也应由行政部门召开。目前政府的决策越来越重视公众参与,许多政府部门开始在公共决策中加入听证程序。但是它还不够普及,而且许多听证会形式重于实质。某些地方听证会拒绝记者采访,发言代表的产生方式不透明,其联系方式也不能公开等等,甚至有些地方听证还要"彩排"。显然,这种神秘主义和形式主义的作风与听证会的基本精神背道而驰。据说民主的实施需要民众具有"民主素质",我不知道有什么比公开透明理性的参与本身更能训练民众的"民主素质",正如我不能想象除了跳到水里学习游泳,还有什么别的学会游泳的方式。

病了你得管

　　美国左派标兵、反布什先锋麦克·摩尔最近又有一个大动作，他的新纪录片 Sicko 2008 年 6 月上映了。这部电影的主题是批判美国的市场化医疗服务体制，同时赞美了欧式的全民公费医疗体系。据说该片在全美各地上映时，赢得了许多观众起立鼓掌。报纸上的影评虽有不少批评的"杂音"，赞许之声还是主流。

　　美国人有理由喜欢这部电影。据统计，美国目前有 4600 万人（15％人口）没有医疗保险，而且，即使很多有医疗保险的人，总是处在与保险公司"斗智斗勇"的过程当中，因为保险公司总是在寻找借口不付或者少付病人的医疗费用。摩尔的 Sicko 正是通过当事人声泪俱下的倾诉，来表现在保险公司、政治家、医院编织的利益网络里，病人是如何被牺牲的。一个妻子控诉保险公司拒付"实验性手术费用"导致她失去了丈夫；一对夫妇倾诉他们只有靠卖房子才能付得起医疗费用……摩尔质问道：既然政府可以免费提供基础教育、消防、图书馆，为什么不能提供免费医疗呢？

为了表现全民免费医疗的可行性和优越性,他跑到了欧洲和加拿大。被采访的欧洲和加拿大群众非常配合,纷纷表示:我们看病不交钱,吃药不交钱,我们的医疗制度非常优越……在英国,摩尔甚至在医院拍到了专门给贫困病人报销路费的柜台。最令人眼红的是法国:法国妇女生了孩子,政府甚至派人到她家里去洗衣做饭!

麦克·摩尔的《SICKO》宣传画

更让美国人沮丧的是,虽然美国是发达国家里少数没有实行全民公费医疗的国家,它的医疗花费占政府开支比例却比多数发达国家要大(美国 18.5%,英国 15.8%,加拿大 16.7%,法国 14.2%),人均寿命也比其他发达国家要短(美国 77 岁,英国法国 79 岁,加拿大、瑞典 80 岁),人均医疗费用更是比其他发达国家高出一大截(美国 $5711,英国 $2428,法国 $2981,加拿大 $2669)。所有这些迹象表明,在医疗服务方面,美国花了更多的钱,却办成了更少的事。

问题出在哪儿呢?

在回答这个问题之前,有一点误解必须消除:美国的医疗服务体系并不完全是市场化的。事实上,美国政府是美国医疗服务最大的买单者,资助穷人和老人的 Medicare 和 Medicaid 覆盖了美国 27%的人口,占据了美国总医疗支出的 44%左右(保险公司付 36%左右,个人付 15%左右)。但是,就人口比例而言,美国大部分人口的医疗费用是通过非政府系统支出的。一般来说,是个人及其雇主(一般雇主付大头)从保险公司购买医保,生病了则由保险公司向医生交医疗费。这个系统与欧式系统的不同在于,在欧洲,夹在病人和医院之间的是政府,而在美国,夹在病人和医生之间的是私人保险公司。就是这个不同,成了美国医保的问题所在。一方面,保险公司的利润追求抬高了医疗费用的成本,而且限制了病人的就医范围;另一方面,虽然大多保险公司对其付费覆盖面斤斤计较,但在其铁定的医疗覆盖范围内,又容易导致人们"过度就医"和医生"过度诊疗",从而抬高了医疗费用。

既然私人保险公司似乎是"万恶之源",那么为什么不干脆一废了之,把美国的医疗体制给公有化了呢?左派愤青摩尔的解释很简单:美国政客都给保险、医药公司收买了呀。

其实事情未必这么简单。

无独有偶,与摩尔的 Sicko 相对应的,是一部反映加拿大公费医疗体系问题的纪录短片 Dead Meat。它所传达的信息恰好相反,主题是公费医疗体系的低效和"不人道"。片中,一个女人控诉说她等了16个月才等到了她的关节手术,在此期间为了止痛她大量吃止痛药,结果等她的关节治好了,又得开始治药瘾;而另一个人则追忆他的母亲等了两年癌症手术也没有等到,直到她去世为止。在全民免费医疗体系里,由于公共医疗资源有限,于是出现了治病"排长队"的现象。许多得大病重病而又等不及的人,要么病情被耽误,要么跨越国界到美国去治病。据统计,2005 年加拿大人看专科的平均等待时间是 17.7 周,只有一半病人可以得到及时救治。于是有加拿大人抱怨说:在这个国家,一条狗想要做一个手术往往只需要等一个星期,而一个人想要做一个手术,却有可能等上一两年。

欧洲也存在类似的情况。在英国,据一个叫做"拥护改革的护士"组织统计,有近 100 万的英国人正在排队等待医疗服务。即使是官方,也承认有 1/8 的人口需要等待一年以上才能做上手术。至于摩尔热爱的法国,他们慷慨的医疗体制已经使医疗部门背上了 27 亿美元的债务,右翼萨科齐的上台,一定意义上也表明了法国社会对高税收高福利制度刹车的意向。事实上,就在摩尔为全民公费医疗大唱赞歌的时候,欧洲、加拿大都已经开启了医疗改革的进程。

可见,事情并非如摩尔所描述的那样非黑即白:在市场化的医疗保险和全民公费医疗之间,存在一个利弊的"对换":高效和公平很难兼得。无论是被保险公司给克死还是在漫漫长队里排队等死,滋味都不好受。而且,在一个政治廉洁的国家,让政府来管理医疗资源还可能保证大家公平"排队等候",而在一个政府腐败的国家,全民免费医疗的后果很可能是有权有势者"插队"或者资源在黑幕之后的更不公平分配,这种情况下的全民免费医疗,很可能就既低效又不公平了。

另一方面,所谓的"免费"医疗,归根结底并不是免费的,它的成本是高税收,羊毛终归还是出在羊身上。这个税收,也许今天各国政府还可以承受,但是随着人口越来越老龄化,诊疗技术和药物研发的成本越来越高(这大约也是公费医疗和公费教育、消防等的不同所在),支撑全民免费医疗体系的成本也将直线上升,会不会有一天高到公众难以支付其相关税收的地步呢?天知道。据估算,现在医疗费用占美国 GDP 的 16%,但是到 2030 年时,将占到 30%,到 21世纪后期,甚至可能占到 GDP 的一半。难怪有学者说,21 世纪对资本主义的最大考验来自于医疗服务领域。

那么,混合两种元素的"第三条道路"呢?其实,英国、加拿大等都在实验这种体制,试图在全民公费医疗之外扩大私人行医,但是政治阻力不小,因为任何市场"口子"的打开,都可能导致优秀医生从公立体制流失到私立体制当中去,从而影响医疗资源的公平分配。

另一方面,美国的一些州则开始探索另一种"第三条道路":在市场化医疗体制的基础上推行全民医疗。严格地说,推行全民医疗并不一定非要推行全民公费医疗,它有可能与市场体制兼容。这也正是麻省、加州等的努力方向。1994年希拉里·克林顿的全民医疗方案失败之后,全民医保改革的呼声就冷却了下去,但是近年来,州级政府开始扛起了改革的大旗。不过,与欧式免费医疗体制不同,这些州政府试图找到与市场体制兼容的全民医疗体制,比如,强制10人以上公司的雇主给雇员买保险,规定有条件的公民必须购买医保否则扣押州税返还,向给低保者提供医疗服务的医生提供补贴等等,总之,试图在不增加财政负担的前提下,通过给医院、保险公司、雇主、公民各方均衡施压来实现全民医保。2006年4月,麻省成为第一个通过"全州普及医保"改革的州。2007年1月,加州州长施瓦辛格也提出了类似的改革方案。其他州如缅因、弗蒙特、夏威夷都在进行相关的探索。目前这些改革还处在试验阶段,很难说效果如何。

不管我们是不是同意摩尔对问题的解决方案,我们都不能不同意他的关怀。连车都有个保险呢,何况人乎?将医疗服务视为基本人权是一种美好的追求,但是另一方面,我们又不得不面对医疗资源供不应求的基本矛盾。您是愿意排漫漫长队呢,还是愿意被保险公司玩得团团转?多么不幸的选择题。遗憾的是,似乎并不存在一劳永逸的乌托邦,无论我们往哪个方向飞奔,都会有一个问题直追而上:谁来买单?

美国的"四项基本原则"

　　如果有人问,PC 这两个字母是什么的缩写,想必大部分人都会飞快地答:个人电脑。其实,PC 还是另一个名词的缩写:Politically Correct——政治正确。

　　众所周知,在我们中国,党和政府总是在引导公民树立正确的政治观。而正确的政治观,简而言之,就是"四项基本原则":坚持党的领导;坚持社会主义;坚持人民民主专政;坚持马列主义。但是,美国不是号称是个"自由"的国家吗? 它怎么也有"正确的政治观"这一说呢?

　　这事可以从美国一个电视节目最近引起的纠纷说起。

　　这个节目叫"幸存者"(Survivor),据说是现在席卷电视屏幕的各种"真人秀"的鼻祖。在这个节目里,二十来个参赛者分成几个部落,被带到一个与世隔绝的地方,各个部落为了生存资源而竞争,优胜劣汰。最后的优胜者,能够获得 100 万美元的奖金。

　　"幸存者"已经演到了第 13 个季度。然而,就在第 13 个季度开

美国的政治正确文化有时"矫枉过正",人们对此颇多讥
讽。图中文字为,左:"我丈母娘真胖……"右为政治正确
的说法:"我的丈母娘在重力上受到严峻挑战……"

演前,制作"幸存者"的 CBS 电视公司突然宣布,他们的节目将有所
创新:这次,他们将把 20 个参赛者按照种族划分,把他们分成白人、
黑人、亚裔、西班牙裔四组。无形中,"部落"竞争也就成了"种族
竞争"。

　　这个声明一出,立刻在美国掀起了一场风波。纽约市立法委员
会的少数族裔核心小组立刻呼吁 CBS 取缔"幸存者"的第 13 季度节
目,并且在 CBS 门口组织了一场抗议示威。一个西班牙裔团体称这
个节目为"种族主义节目"。一个亚裔政治活动家抗议道:"我们决
不能容忍一个电视台用挑动种族矛盾的方法来提高自己的收视
率。"一个黑人教授嘲讽道:"CBS 的下一个动作会是什么?组织'德

国部落'和'犹太部落'、或者'穆斯林部落'与'基督教部落'互相竞争?"

　　每个国家都有他自己的伤疤,美国政治最大的伤疤之一,是它的种族主义问题。确切地说,不是一个伤疤,而是一个还在发炎的伤口。任何一个涉及到种族问题的公共表述,无论是否以电影、电视、书籍、演讲的形式出现,都是在一条钢丝上行走,一不小心,就会摔下万丈深渊。

美国电影屏幕上的黑人形象一般都善良、勇敢、正义、底层,在《肖申克的救赎》中出演男配角的 Morgan Freeman 就是个经典代表

这一点,美国议员 Trent Lott 应该说有最深的体会。2002 年 12 月 5 日,在一个曾经竞选美国总统的议员 Strom Thurmond 的百岁生日上,Trent Lott 说:"如果当年我们选了你当总统,今天美国就天下太平了!"要知道,1948 年 Thurmond 竞选总统的时候,曾经公开支持种族隔离。Lott 此言一出,舆论哗然,社会各界纷纷谴责他的种族主义倾向,连总统都站出来公开批评他。尽管 Lott 再三为他所说的话道歉,舆论对他还是不依不饶,最后他不得不以请辞参议院多数党领袖的举动来谢罪。

这就是美国的"政治正确":对少数族裔的感受必须保持高度的敏感性,在公共领域内发言,绝不能随随便便地丑化少数族裔的形象。虽然美国并没有法律明文规定这一点,但是这已经是整个社会不成文的法律,每个人都在这个不成文法律的凝视下,对言行进行自我审查。

事实上,不能冒犯少数族裔,仅仅是政治正确的一条。美国社会的政治正确文化,完全可以被概括成以下"四项基本原则":不能冒犯少数族裔;不能冒犯女性;不能冒犯同性恋;不能冒犯不同的信仰或政见持有者。

关于第一条,有一个比较典型的表现。如果大家留心看好莱坞的电影,会发现导演一般不敢轻易把黑人塑造成反面形象。事实上,无论是《费城故事》里的黑人律师,《肖申克的救赎》里面的黑人狱友,或者《谈判者》中的黑人警察,黑人总是代表着一个勇敢、正义、智慧的形象。从这个小细节,也可以看出,好莱坞导演们在塑造黑人形象时的谨小慎微,谁也不愿像 Lott 一样跳进黄河洗不清。

"9·11"之前，好莱坞电影中还有很多中东恐怖分子的形象，"9·11"之后，由于穆斯林问题的日益敏感，中东恐怖分子的形象也基本从好莱坞电影中消失了。不能丑化穆斯林的形象，也成了"政治正确"的一个部分。

"不能冒犯女性"这一条，最记忆犹新的例子，就是哈佛前校长Summers 栽的跟头了。在某次会议上，Summers 宣称，女性在科学方面的成就比较少，可能是因为男女在"内在智能"上的不同。此言一出，群情激愤。哈佛大学女教师委员会写信给他说："你的行为让哈佛大学蒙羞。"一些校友则宣称，如果 Summers 不公开道歉，他们将停止给哈佛的捐款。事后虽然 Summers 一再道歉，最后也不得不因为这根导火线而辞职。

不能冒犯不同的信仰或者政见持有者这一项，一个典型的例子，就是美国过去这 50 年对"麦卡锡主义"不断的检讨和反思。虽然麦卡锡主义对马克思主义者的迫害程度与规模，和某些政权对不同政见者的迫害历史相比，只能说是小小巫见大大巫，美国社会对真假马克思主义者当年所受的迫害，耿耿于怀简直到了祥林嫂的地步。去年奥斯卡热片之一，《晚安，好运》，是这种耿耿于怀的又一次发作。相比之下，某些社会对残酷、惨烈得多的政治迫害的遗忘速度，不可谓不惊心动魄。

美国版的这四项基本原则，概而言之，无非就是一条，对弱者的同情和保护。它可以说是美国 1960 年代以来民权运动的结晶。今天的我，作为一个少数族裔，一个女性，一个无神论者（就差同性恋这一条了），能在美国这块土地上，自由、安全、有尊严地生存，不能不说是得益于这种"政治正确"的文化。换在 100 年前,我有可能面临种族、宗教、性别的三重歧视。当然,这些歧视目前仍然一定程度上存在,但是"政治正确"的文化基本确保了在公共场合,我不会因为自己的性别、种族、信仰而受到公然的羞辱。

　　但是,另一方面,因为这四项基本原则,美国人,尤其是公众人物,活在无形的言论审查机制之中。人们私下里关起门来可以畅所欲言,但是一到正式场合,就只能使用一种四平八稳的"正确语言",以至于形成了一套政治正确的语汇。比如,聋子不能叫聋子,得叫"听力受损的人",比如凡是用到第三人称单数的时候,不能仅仅用"他",得说"他或者她"。所以后来有人对政治正确进行恶搞,说要不"家庭主妇"也不用叫家庭主妇了,叫"居家工程师","胖子"也不叫胖子了,叫"水平方向受到挑战的人","穷人"改叫"经济上还没有准备好的人","骗子"改叫"创造性运用事实的人"云云。有很多人,尤其是保守团体以及极端自由主义团体,谴责"政治正确"的文化侵蚀了美国的言论自由。甚至有极端保守派认为,政治正确的文化,不过是在马克思主义于经济社会的变革方面走到山穷水尽之后,试图从文化上腐蚀一个自由社会。

　　还有很多人抱怨,"政治正确"的文化不是解决了问题,而是回避了问题。黑人犯罪率居高不下,不会因为你电影里把黑人全部塑造为好人而改变。大部分恐怖袭击是由穆斯林分子所为,也不会因为穆斯林们烧了丹麦使馆而改变。Summers 的辞职,不能改变女性科学成就偏少的事实。弱者可能的确是历史的牺牲品,但是让弱者沉溺于这种"牺牲品"的角色里不能自拔,甚至以这种角色为理由去逃避个人责任，去否认这个弱者群体内部的问题，这也的确是"政治正确"可能导致的陷阱。

围绕着"政治正确"展开的这种辩论，本质上，是自由社会里，求真与求善之间的冲突。维护"政治正确"的人，试图在一个充满不平等的世界里，为弱者讨回公道。而反对"政治正确"的人，试图打开一个没有思想禁区的世界，人们可以在其中尽情地追求真理、畅所欲言。说到底，真实的东西不一定美好，而善良的愿望并不等于事实。

我倒是相信，只要政府不利用国家机器来镇压"政治不正确"的思想和言论，"政治正确"并没有什么可怕的。几千年"政治不正确"的历史，导致了"政治正确"的拨乱反正。"政治正确"的矫枉过正，又导致了"政治无所谓正确不正确"的回潮。商品市场有一只"看不见的手"，事实上，观念的市场也有一只看不见的手，在调节观念的平衡。就前面那个案例来说，美国政府没有、也不可能强行要求"幸存者"停放。可以说，美国版的四项基本原则是社会自发创造的原则，也将被社会自身消化。既然是"人民内部矛盾"，谁胜谁负都不重要，重要的是社会在这种斗争中涌现出来的活力。思想这个东西，就像石头缝里的草，只要没有一只"看得见的手"将它连根拔起，总能悄悄找到自己的出路。

谁有特权上大学

来，给你出一道题。假设你来自于火星，突然被扔到中国，你可能被扔到北京这样的大城市，也可能被扔到河南这样的内地省份，甚至还可能被扔到西藏这样的边疆地区。不幸的是，你被扔到中国去的使命，就是去上中学，然后高考。当然了，如果你想考进北大清华这样的牛校，你肯定希望自己被扔到北京上海，因为那里学习条件好，分数线又低嘛。问题是，你被扔到这三个地方的概率一模一样，各三分之一。这个时候，让你来设计一个理想的高考分数线制度，你会怎么设计？

这个假设的情形，不是我的发明，而是美国政治哲学家罗尔斯的发明。罗尔斯1971年的时候写了一本厚厚的书，叫《正义论》。因为这本书厚得让人望而却步，所以我斗胆把它庸俗成一句话：只有当你不知道自己可能是谁时，才能想清楚什么是正义。

当然了，他有一个术语，叫"无知之幕"，也就是一个人在对自己的社会处境暂时失明的情形。一个站在"无知之幕"后面的人，既可

▲ 2003 年密歇根大学的 Gratz/Grutter 对 Bollinger 案审判期间，密歇根大学的学生每周定期出来示威，捍卫平权行动。图中文字为"罢工罢课，捍卫平权行动"

▼ 反对平权行动的声音开始高涨时，其捍卫者讥讽这种声音里的伪善。图中第一个人：校友的女儿，第二个：大额捐款者的儿子，第三个：足球特招生，第四个：偏远地区长大的人，第五个：少数族裔。这些人都是"受照顾"上大学的，却只有少数族裔的"受照顾"成了"问题"，一个考不上大学的人指着那个少数族裔学生说："都是他的错！"

能是比尔·盖茨,也可能是一个非洲饥民。如果你觉得正义就是杀光富人瓜分他的财产,万一"无知之幕"一拉开,发现自己就是比尔·盖茨,恐怕你会后悔得一头撞死。如果你觉得正义就是Windows 系统卖 5000 美元一套,万一"无知之幕"一拉开,发现自己其实是非洲饥民,估计也要捶胸顿足。

　　好了,你站在无知之幕后面,你不知道自己会是北京人,还是河南人,还是西藏人,你得想想什么样的高考分数线制度最合理。

　　在思考这个问题之前,不如让我们来看看美国人所面对的一个类似的问题和他们的回答:Affirmative Action(平权行动)。

　　"平权行动"是 1960 年代随着美国黑人运动、妇女运动兴起的一项政策。由美国总统约翰逊在 1965 年发起,主张在大学录取学生、公司招收或晋升雇员、政府招标时,应当照顾少数种族和女性。目的就是扳回历史上对黑人和女性的歧视,把他们在历史上承受的痛苦折算成现实的利益。

　　"平权行动"实施之后,黑人和妇女的大学录取率、政府合同中的黑人中标率大大提高。高校录取制度尤其是"平权行动"的热点。有的大学,甚至明确地采取了给黑人、拉美裔申请者"加分"的制度或者给他们实行百分比定额制。这种拔苗助长的善良愿望,促成了美国的大学里各种族齐头并进的大好局面。最典型的例子是加州大学伯克利分校。到 1990 年代中期,一个曾经几乎是"纯白"的学校,已经被"平权行动"粉刷得五颜六色:39％的亚裔;32％的白人;14％的拉美裔;6％的黑人和 1％的印第安人。

　　然而从 1970 年代开始,人们开始对"平权行动"嘀嘀咕咕,其主要的矛头,就是它矫枉过正,形成了一种"逆向歧视"。

1978年的"巴克案"(Bakke Case)打响了反对"平权行动"的第一枪。巴克是一个白人男性,连续两年被一个医学院拒绝录取,与此同时,这个医学院根据16%黑人学生的定额制,录取了一些比巴克各方面条件都差的黑人学生。巴克不干了——我不就是白点吗?我白招谁惹谁了?他一气之下上诉到美国最高法院。最高法院裁定对黑人学生实行定额制是违宪的,但仍然在原则上支持"平权行动"。

紧接着,嘀咕发展成了议论,议论发展成了抗议。最著名的抗议,来自1990年代中期加州州长Peter Wilson。他抗议道:"不能让集体性权利践踏个人的权利,我们应当鼓励的是个人才干。"于是他大刀阔斧地开展了废除"平权行动"的运动。1995年6月,公立的加州大学及其九个分校废除了"平权行动"。1996年11月,加州用公投的方式废除了包括教育、就业、政府招标等各方面的"平权行动"。1997年4月,这一公投结果得到了最高法院的认可。受到加州的影响,另外十几个州也开始蠢蠢欲动,要铲除逆向歧视的"平权行动"。

取消"平权行动"的效果是立竿见影的,1998年是加州大学各分校取消"平权行动"的第一年。在这一年里,伯克利大学黑人学生的录取率下降了一大半,从1997年的562个黑人下降到1998年的191个;拉美裔的学生也从1045个下降到434个。各大学校方很有点"辛辛苦苦三十年,一夜退到解放前"的感慨。

2003年"平权行动"再次成为热点问题,因为这一年最高法院遭遇了一个新的"巴克案"——密歇根大学的 Gratz/Grutter 对 Bollinger 案。2003 年 6 月 23 日，最高法院再次作出了一个八面玲珑的裁决：密歇根大学给每个少数民族申请者加 20 分的本科生录取政策是违宪的；但同时，它又裁定法学院为了增加学生的"多样性"而照顾少数种族是合法的。这与其 1978 年对"巴克案"的裁定是一样的：原则上支持"平权行动"，但反对用定量的方式来固定这种"平权行动"。

如果说最高法院 1978 年的暧昧还是理直气壮的，2003 年的暧昧就已经是如履薄冰了。那个加分制违宪的裁定是 6 比 3 作出的，而法学院"平权行动"原则合法的裁定，是 5 比 4 惊险胜出的。Peter Wilson 们吆喝了这么些年，终于把"平权行动"的阵脚给吆喝乱了。

"平权行动"争论的核心，正如众多社会问题的核心，是一个"程序性正义"和"补偿性正义"的矛盾。"程序性正义"主张一个中立的程序施用于任何社会群体，而无论结果如何——同一条起跑线，兔子也好，乌龟也好，你就跑去吧。"程序性正义"的最大问题，就是对"历史"、"经济"和"文化"的无视。一个经历了 245 年奴隶制、100 年法定歧视和仅仅 30 年政治平等的种族，必须和一个几百年来在高歌雄进征服全球的种族放在同一条起跑线上。

补偿性正义则主张根据历史、文化、经济条件有偏向地制定法律和政策，以保证一个相对公平的结果。但补偿性正义面对一个不可避免的操作性问题：由谁、如何、是否可能来计算鉴定一个人的历史、文化和经济遭遇？ 一个祖上是黑奴的黑人录取时加二十分，那一个祖上是华工的亚裔应该加多少分呢？一个祖上四代是贫农的人和一个祖上两代是贫农的人，分值又有什么不同？一个穷白人和一个富黑人，谁更应该加分？……莫非我们还要在每次高考前进行一次阶级成分调查？这就听起来有点耳熟了，而且是不太悦耳的一种耳熟。这种补偿性正义的原则，需要一个巨大的国家机器来整理、裁判历史和现实无限的复杂性，而这种裁判权一旦被权力机器劫持，问题就不仅仅是如何抵达正义，还有这架机器震耳欲聋的轰鸣声了。

所以说，美国最高法院对"平权行动"的暧昧是一种无奈，也是一种智慧。它一方面赞同将历史、经济等因素融入政策的考虑当中，否定了纯粹的"程序正义"；另一方面，对如何具体地补偿历史、经济问题，又支支吾吾。毕竟，就算是爱因斯坦，估计也研究不出历史和现实之间、经济地位和政治资本之间的兑换率。

承认一个一个的人，也承认一群一群的人。承认你矫捷的身手，也承认他人肩上历史的十字架——因为在"无知之幕"的背后，你可能是一只兔子，也可能是一只乌龟。

好了，终于可以回到咱们开头提的那个问题了：来自火星的你，被扔到大城市、内地、边疆的可能性各三分之一，你会如何设计高考分数线方案？

你可能会说：三个地方分数线一样嘛！大家公平竞争嘛！

你也可能会说：让边区分数线低一点，其他两个地方一样，因为那些地区贫穷，教育条件有限，人家北京上海的孩子用电脑打字，俺们这里还是凿壁借光呢。

你还可能会说：我选择让北京上海分数线低一点，其他两个地方一样。因为……因为……咦？你们地球夏天真热啊！

　　我们知道，这三种选择，第一种叫"程序性正义原则"；第二种叫"补偿性正义原则"；第三种，姑且称之为"夏天总是很热原则"吧。

法治自由篇

不告白不告

　　2007年7月4日，一个叫龙圳的小男孩在深圳死了。据说是在四家医院以各种理由拒绝接收他之后死去的，据说如果抢救及时，小男孩本来是可以不死的。

　　这事让人悲愤，但是对于一个负责的社会来说，仅仅悲愤是不够的。通过法律程序问责相关医院或者医生，才能真正有效地防止类似悲剧再次发生。如果相关法律没有相关条款，那么也许就应该改革这个法律系统。

　　美国最近有一条似乎无关的新闻。

　　2007年6月底，一条关于"天价裤子案"的新闻四处传播。事情是这样的：两年前，皮尔森先生发现洗衣店洗丢了他一条裤子，于是将洗衣店告上了法院，并且狮子大张口，咬定让对方赔偿5400万美元。其诉讼理由是干洗店门口的牌子"保证满意"和"当日送取"是对顾客的刻意欺骗。结果法官宣判皮尔森败诉，而且要求他担负双方的所有诉讼费。

"上次起诉食品公司导致发胖，我赚了第一个一百万美元，现在我正在起诉游泳衣公司导致皮肤癌"

"I MADE MY FIRST MILLION SUING FAST FOOD FOR OBESITY. NOW I'M SUING BATHING SUIT MAKERS FOR CAUSING SKIN CANCER!"

　　这事与其说是一条法律新闻，不如说是一条娱乐新闻，全美国都拿来当笑话读。人们普遍认为这个离婚、失业、穷困的皮尔森不过是在借机敲诈，却搬起石头砸了自己的脚。

　　但这果真仅仅是个笑话吗？我倒不以为然。皮尔森之所以如此异想天开，其实不是因为他疯了，而是因为在他涉足的这条"打官司发财"的荒谬道路上，在美国实在有不少成功的"前辈"。

　　最经典的，莫过于1992年的史戴拉·里贝克 V. 麦当劳案。当时里贝克女士因为自己不小心打翻麦当劳的咖啡，烫伤了大腿，以"咖啡不合理地烫"为由将麦当劳告上法庭，获得了64万美元的赔偿。自此，"史戴拉奖金"就成了专有名词，特指那些从"轻浮诉讼"中获得的赔偿，有人干脆称之为"司法彩票"。与此同时，人们在"打官司生财"方面越来越有想象力，越告越离奇。比如有人一边不停地掏钱买麦当劳吃,一边告麦当劳导致他发胖;有人在赌场输了钱之后状告赌场;有人告飞机上座位空间太小导致他脚抽筋;甚至有银行抢劫犯因为被银行的反抢劫装置伤害而状告该银行。

虽然上述案例过于极端,但美国人对诉讼的热爱可见一斑。不过,这并不是民族特性,而只是制度使然。美国民事诉讼系统中的各种规定是助长诉讼倾向的一个重要原因,比如法院倾向于判决大额"精神损失费"和"惩罚性赔款"、在人身伤害案中"不赢官司不交律师费"的惯例、从保险公司和被告处获双重赔偿的惯例等等。总之这个系统中有很多因素都在怂恿你:告吧,告吧,不告白不告。打开地方电视台,总有律师行做广告:您出了车祸吗? 您觉得医生误诊过您吗? 您受伤没有得到合理赔偿吗? 请拨打电话×××,我们将竭诚为您服务,不赢官司不收钱……

"轻浮诉讼"的泛滥一方面造成大量公共资源的浪费,使有限的司法资源流失到一些无聊的纠纷当中,另一方面其实也构成对普通消费者的伤害,因为那些受到诉讼的医生、医药公司、烟草公司、连锁餐馆、日用品制造商最终会把他们打官司的费用加到商品或者服务的价格当中,从而使普通消费者成为"史戴拉奖金"的实际买单者。这一点,最典型的例子就是美国声名狼藉的医疗系统:美国的医疗服务价格惊人地高,一定程度上就是因为医生一旦因为医疗过失被诉讼,就有可能倾家荡产。为了应对可能的恐怖的诉讼赔偿额,医生给普通病人开出恐怖的账单,保险公司则把恐怖的账单费用转化为恐怖的保价,恐怖的保价则又吓得很多人买不起保险有病不敢看。反正,从起诉人到医生,从医生到保险公司,从保险公司到普通民众，一环扣一环，把美国的医疗费用抬到一个让人瞠目结舌的地步。

据统计，美国医生每年用于防止诉讼的各种医疗测试费用高达200亿美元；美国的人均诉讼数量是日本的30倍；美国的年均产品质量诉讼案数量是英国的350倍（人口仅是英国的5倍）；美国的民事诉讼费用从2000年到2003年就增长了34.5%。

这也是为什么近年来美国民事诉讼改革呼声渐涨的原因。改革的倡导者倒不是反对受害者奋起保护自己的合法权益，而是主张在赔偿方式和赔偿数额方面有所限制，从而尽量防止以讹诈为目的的恶意诉讼。比如、限制"精神损失费"的数额、限制"惩罚性罚款"的数额、增加"专家证人"、限制双重来源赔偿、采用"败诉者付双方诉讼费"制度等等。目前不少州级改革已经取得了一定效果，比如新泽西州在1995年通过民事诉讼改革后，"医疗事故"诉讼案从1997年到2004年下降了24%；西弗杰尼亚州2003年改革后，该州最大保险公司的保险价格下降了5%。

大致来说，共和党倾向于大力限制"轻浮诉讼"，民主党则认为这种限制可能侵害消费者权益。在不少民主党人士看来，频繁的诉讼正是保证产品安全和服务质量的动力。这一点不无道理。麦当劳的"烫伤赔偿案"发生后，各大餐馆都对"烫饮料"作出了更严格的管理；每年美国都有很多商家因为害怕被起诉，从市场上大量收回有安全隐患的商品；默克医药公司因为止痛药Vioxx提高心脏病概率而遭到28000个消费者起诉，肯定让各医药公司在研发方面更加小心谨慎；对医疗事故的高起诉率和赔偿额，也是降低医疗事故数量的一个有效手段。总之，不管那些试图摸"司法彩票"的人主观上如何贪得无厌，客观上却能"激励"商家、公司、医生提高责任感。就是笑柄皮尔森，没准也能让洗衣店以后更小心翼翼地对待我们的裤子。

对法律的利用和对法律的滥用往往只有一线之隔，但是在保护消费者权益和限制司法讹诈之间，未必就没有一个平衡点，民事诉讼改革正是在寻找这个平衡点。毕竟，作为一个普通消费者，我们既不希望商家或者医生的服务不安全可靠，也不希望为一小撮贪婪的"讼棍"纳税或者买单。

回到小龙圳的情况，我们不禁要哀叹，如果说美国到处是"轻浮诉讼"，那么中国的情形恰好相反，到处是"轻浮审判"。我们国家那么多医生误诊、食品有毒、药物无效，政府三令五申，民间人心惶惶，媒体忙不迭地曝光，但是令人奇怪的是，法院呢？司法系统的声音在哪里？像小龙圳这种情况，如果放在美国如此严格的民事诉讼系统里，估计怎么也会让几个医生丢执照、付罚款，而如果有一群医生因为怠慢病人的病情而破产失业，整个行业的责任感也会大大增强。

你有什么科学依据

　　我刚到美国的时候，看很多事都觉得新鲜。其中有一样，就是电视里的药品广告。除了宣传药品的功效以外，广告里都有长长一段话，交代这个药品的副作用和风险，也就是刚说完这个药如何让你从此免受关节炎之苦云云，然后突然来一段："吃这个药可能引起头晕、恶心、拉肚子，增加心脏病的概率……"当时我一看就乐了：这样做广告，能卖出去药吗？谁敢买啊？

　　当然，我的担心是多余的。道理很简单：如果广告没有用，厂家会傻到去做广告吗？据统计，美国药厂 2005 年直接针对消费者的广告费用就高达 48 亿美元，加上针对医生的 70 亿广告费，可见美国医药广告行业烧钱的火势之猛。药厂当然不会做赔钱的买卖，有统计表明，药厂每在广告上花费 1 美元，就可以从消费者身上挣回来4.25 美元。

　　这么多钱砸进了广告，会不会把药效吹得天花乱坠呢？暗示性的吹嘘肯定是不可避免的。比如，电视画面显示，一个病人在服药

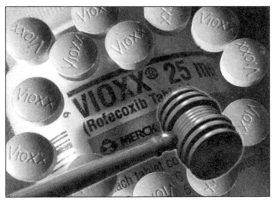

▲ Vioxx 给默克公司带来了两万多个官司，也给其他
  医药公司敲响了警钟

▼ Carol Ernst 的丈夫因服用 Vioxx 致死，德州的一个法
  庭判决默克公司赔偿她 2.5 亿美元。图为 Carol
  Ernst 在法庭上

之前愁眉苦脸,在服药之后却欢声笑语,暗示该药翻天覆地的效果。不过,"吹"亦有道。按照美国食品药物管理局1997年出台的"面向消费者的广告行业指导"规定,药品广告必须对其可能的副作用做出说明,同时,电视广告中还应该包括以下四个要素:显示一个免费的咨询电话;显示一个网址;提及一个印刷品或者资料册;提及向医生咨询。所有这四个要素,都是为了保证消费者有机会获得该药的详情。总之,药品广告要合乎"一个声明,四个要素"的模式。

如果没有做到这些呢?后果当然是让你吃不了兜着走。

世界知名的默克医药公司,最近就因此狠狠栽了一个跟头。这个公司1999年研制出一种止痛药Vioxx并且猛做广告,2003年销售高峰期该药销售总额曾达到25亿美元。可惜好景不长,人们逐渐发现,这个药使心脏病的发病率提高两倍,而默克公司在初期广告中没有对此做出声明。接下来是什么后果呢?消费者风起云涌的起诉。从2006年4月一个77岁的老人起诉默克,声称Vioxx导致他心脏病发作并成功赢得了450万美元的赔偿以来,默克就陷入了"人民战争"的汪洋大海之中。2007年3月另一个消费者的胜诉创造了破纪录的赔偿额:一个爱达和的邮局工人赢得了2000万美元的赔偿额,同时默克公司还要为此接受2700万的罚款。判决的理由仍然是:默克公司没有在广告及标签中提供足够的警告。目前,默克仍然任重道远:还有28000个Vioxx官司要一个一个打呢。

这点事在某些国家,一个医药公司也许可以和法官一餐饭或者一个红包"搞定",但是在美国,默克公司不得不为此接受"千刀万剐"。在这个背景下,也就能理解为什么辉瑞医药公司会在2006年放弃研制一项降胆固醇新药了——虽然已经投入了 8 亿美元,但是试验显示该药增加病人的死亡率。前车之鉴,后世之师,就是扔掉那 8 亿,也不能被人民群众追杀得无处可逃。

这样重大的商业事故,导致的不仅仅是医药公司从此更谨小慎微,而且也给制度改进提供契机。Vioxx 出事以后,就有议员 2005 年提案"药品广告责任法",要求一个新药必须在试用三年之后才能开始面向消费者发布广告。事实上,有不少社团干脆要求政府下令禁止针对消费者的医药广告。提出这一主张的社团表示,巨额的广告费提高药品成本和价格,又容易误导公众,得不偿失。

当然,增加药品安全,不仅仅是广告监督的问题。广告监督仅仅是药品安全监督的一小部分,其他更重大的环节包括药品的严格审批程序、审批人员的资格认证、对消费者申诉的处理机制、司法机构的独立裁决等等。

那么,美国对保健品广告,又是如何管理呢?首先,保健品不是药品,根据法律规定,它的上市不需要经过药检部门的审批,但是在药品说明书上必须注明它的功效"没有得到食品药物局验证"。同时,在广告中可以宣传它对身体"结构或者功能上的好处",但是不得宣称自己能够"治疗任何疾病或情况"。其次,即使是保健品,一切广告信息都必须是"真实的、没有误导性的、有科学依据的",而且这个科学依据必须"有力而可靠":由专家以公认的方式研究试验;数据结果不能有选择性,产生数据的附加条件不得隐瞒。尤其被强调的是,个人经验,即使是真实的,也不能算作科学依据。再次,与药品广告相同,保健品广告中必须交代此药的副作用和风险,这个交代必须以醒目、清晰、易懂的方式呈现。比较有意思的是,法律还规定,不仅仅是生产商,"产品推广中任何有关方面,包括广告商、发行商、零售商、电视台等等",都有义务确认广告的真实性和科学依据的充分性。

最近,中国3·15晚会曝光了藏秘排油,批判其误导性的广告,其代言人郭德纲也因此受到批判,据说一个老头还打算起诉郭德纲。这事怪不怪郭德纲呢?中国的法律我不太清楚,但是如果按照美国法律"任何方面都有义务"的说法,这个老头儿起诉郭德纲不是全无道理,当然他更可以以同样的理由起诉厂商、广告商、发行商、零售商、电视台等等。不过,虽然这事郭德纲有点责任,但主要肯定不是他的责任,而是政府监督机构的责任:警察不抓小偷,还能怨路人不见义勇为?消协与其苦劝明星们不要滥做广告,不如劝国家药检机构强化管理,劝人大增加相关立法,劝法院为民作主,劝这些权力机构追问吹牛不打草稿的厂商:你有什么科学依据?

你管得着吗

　　有一次看美国某地方选举的电视辩论,主持人问几个候选人:你们认为政府的目的是什么? 我当时一愣:好大的问题啊!

　　这个问题貌似简单,似乎所有人都能够给出一个"正确答案",但对它的回答及争论,实际上构成一部两千多年的政治哲学史。比如,一个自由主义者会认为,政府的目的就是给自由的市场竞争提供一个法律的保障;比如,一个儒家知识分子会认为,政府很重要的一个目的是道德的教化;比如,一个社会主义者会认为,政府的目的是通过控制资源的流动来保证社会的平等。

　　当时有一个候选人的回答,最贴近我的想法,他说:政府的目的是帮助人们帮助他们自己。我之所以喜欢这个答案,是因为它暗含了我的主张:一方面,它主张政府应当"为人民服务",但是另一方面,这个服务的方式不是直接给公众"喂饭",而是通过保护公平竞争的法制来帮助他们自力更生。如果说历史是一场演出,那么公众应该是舞台上的演员,政府则应该仅仅是搭舞台的、打灯光的、放音

第一个警察:"不许动!"第二个:"杀人?盗窃?"第三个:"比这还严重,全式脂肪。"第四个:"举起你的手来,远离那些鸡块!"

乐的"服务人员"而已,既不能通过直接参与演出来"与民争利",也不能通过对演员指手画脚来干扰演出。

但是,政府真的能够仅仅做一个"服务人员"吗?更重要的是,政府真的应该仅仅做一个"服务人员"吗?最近美国发生的几件小事,引发我重新思考这个问题。

第一件事,是 2006 年 12 月纽约市通过一项法令,限令餐馆 2008 年 7 月之前停止使用"全式脂肪"烹饪食品。"全式脂肪"是一种氢化了的植物油,口感好且易于保存。许多人热爱的麦当劳薯条,就是在这种食用油中制作出来的。但是研究表明,这种食用油对心血管不利,会提高食用者患心脏病的几率。所以纽约市议会和政府颁布禁令,成为全美第一个禁止餐馆使用"全式脂肪"的城市。不少地区紧跟其后,也在商议相关立法。

第二件事,是 2007 年 2 月,德州州长下达一道行政命令,要求所有六年级女生都必须注射一种抗 HPV 疫苗。HPV 是一种流传极广的、通过性交传播的病毒,是导致子宫颈癌的重要原因。默克公司近年研制出了对付 HPV 病毒的疫苗,去年 6 月联邦政府认可了该疫苗的效果,并推荐所有 11—12 岁的女孩注射它。目前已经有十多个州开始把注射该疫苗提上立法议程,但是德州州长捷足先登,绕开议会中保守团体的抵抗,直接下达了行政命令。

　　第三件事,是加州一个女议员莎利·利本最近向加州议会提案,要求立法禁止成人打三岁以下小孩的屁股,否则可能受到罚款甚至坐牢。虽然美国大部分州都已经立法禁止幼儿园及中小学实行体罚,但如果该法案通过,加州将成为禁止家长打孩子屁股的第一个州。

　　从道义上看,地方政府在这几件事中的所作所为都是"好心好意",都是"为人民服务",但它们还是受到了不少质疑。这些质疑,归根结底就是一点:好的行为,是不是一定要通过政府力量强制执行?

　　拿"全式脂肪"禁令来说,如果有些人愿意冒心脏病的危险去换取吃可口食物的乐趣,他是否可以拥有这个自由?"保护公共健康"一说,似乎站不住脚。吃肥肉也对心血管不利,难道要禁止餐馆供应肥肉?冬天的时候只穿 T 恤容易感冒发烧,难道要禁止冬天穿得太少?长期不运动有害健康,难道要立法规定每个人的运动量?……难怪有人哀叹,这个全式脂肪禁令是"保姆国家"的表现,有"极权主义"的征兆。如果说在公共场合禁烟还有"保护被动吸烟者的权利"这一法理基础,吃"全式脂肪"则完全是自作自受,并没有碍着谁的什么事。

但该法令的支持者又可以说:如果"自作自受"就可以放任自流,那么禁毒、限赌就都不必要了。而且,人总是生活在一定的社会关系当中,所以严格意义上的"自作自受"是不存在的,比如,你得了心脏病,你的医疗保险实际上由整个社会承担,所以放任自己的健康恶化,有可能是"自作他受"……这么一说,全式脂肪禁令又好像有一定的道理。

HPV 疫苗的政令,面临类似的质疑:防止子宫颈癌固然是好的,但是好的东西,是否一定要通过政府强力推广? 避孕套的使用也有利于防止性病传播,那么是不是要对避孕套的使用立法呢? 有的父母还担心,让十一二岁的女儿去打这种疫苗,会给她们发送一个错误的信号,让她们觉得自己可以放心大胆地性放纵。至于禁止打小孩,有些父母称,3 岁以下的小孩,你不可能跟他说清楚道理,偶尔打打屁股,是让他认清是非对错的最有效途径,政府连这个都管,简直是吃饱了撑的。

以上几件事,似乎都是"小是小非",但归根结底却都回到本文开头提出的那个大问题:政府的目的是什么? 彻底的自由主义者可能主张政府的"道德中立",但是这从来不是也不可能是现实:任何法律系统都有它的道德前提。即使是"最小政府",也在或隐或显地承担一个"道德引导"的责任,但是,政府在"从善如流"的过程中,界限在哪里?"为人民服务"和"多管闲事"甚至"极权主义"的边界何在? 自由主义思想家密尔当初划定了一个边界:伤害原则。一个人的道德完善和身体健康,与政府无关,只有一个人的行为构成对他人的伤害,才应该受到法律的规范。所以,如果通过密尔的眼睛来审视上面几个案例,他可能不会觉得它们合乎自由主义,估计他会称之为"狗拿耗子主义"。

先天下之急而急

继限播涉案剧、境外影视剧、境外动画片、方言剧、恶搞剧等之后，2007 年 1 月，我国广电总局又推出新规定，从 2 月起卫视频道黄金时段只能播放"主旋律"节目。这件事情说明，广电总局对于人民群众的思想健康是非常关心的。但是，什么是主旋律呢？群众不甚了了。凭什么你说它是主旋律它就是主旋律呢？群众还是不甚了了。为什么只有主旋律才有利于精神文明呢？群众更是不甚了了。难怪一些渴望多元文化、并愿意在多元文化中自主选择"先进性文化"的人会哀叹广电总局已经变成"广电总急"。

中国的广电部门"总急"，那么，在自由化的美国，广电部门是不是从来不"急"呢？

不尽然。

在美国看过电视的人都会注意到，电视节目演着演着，某些言论经常被"beep"的声音屏蔽。这些言论，我们用脚趾头都能想得出来，无非是一些与生殖器及其各种活动相关的词汇。要将这些词汇

▲ 因为 FCC(联邦通讯委员会)屏蔽这屏蔽那,人们将
它和言论审查联系在了一起,反感者众多。图中后
脑勺上:"FCC 批准",管道上:"单一来源"

▼ 珍妮·杰克逊在 2004 年超级橄榄球赛的开幕式表
演上露出一个乳头,导致转播该节目的 CBS 电视台
被联邦通讯委员会罚款 30 多万美元

法治自由篇

从电视屏幕上屏蔽掉的,就是美国的"广电总局":联邦通讯委员会(简称 FCC)。

确切地说,并不是 FCC 要屏蔽这些词汇,而是它迫于某些民众的压力,要求各大广播电视公司屏蔽这些词汇。

1973 年,纽约一个电台主持人卡林在其广播节目上大谈"美国广播电视中不能使用的七个脏词",并调侃性地用这些脏话造了很多句子。一个驾驶中的父亲听到这个节目非常愤怒,觉得这些话严重冒犯了当时同坐一车的未成年儿子。于是他向 FCC 进行投诉,FCC 对该电台提出警告,而该电台则宣称他们的言论自由受到美国"宪法第一修正案"的保护。这事越闹越大,最后官司打到了最高法院那里。1978 年,最高法院以 5 比 4 的微弱优势作出裁决:为了保护未成年儿童,FCC 有权对早六点到晚十点广播电视节目中的"下流内容"进行限制。虽然这是和宪法第一修正案背道而驰的,但是法庭判决说:"广电节目在美国人的生活中具有一种独特的渗透性,那些公然的、冒犯性的下流内容不仅仅在公共场合而且在私人家庭中触及公民,而在私人场所,个人不被骚扰的权利应当大于那些侵入者的言论自由权。"

这就是著名的"FCC 对太平洋基金电台"案,该案为广播电视台的内容制定了一个模糊的审查标准:"按当时社区标准衡量来看、与性和排泄有关的、公然的、冒犯性的下流内容"——姑且称其为"下流与否标准",其法理基础为"广播电视对私人空间独特的渗透性"。直到今天,美国广播电视里的"beep"、人体敏感部位的马赛克以及一些色情节目和广告只有在有线电视或者深夜时段才能播出等现象,都与该判例有关。

如果说这个判决还只是试图保护未成年人"不被冒犯",FCC 和一些广电公司网络联手推出的"家庭收看时段",则和我们中国广电总局的"主旋律"心态有点异曲同工了。

1970 年代初的时候,美国许多人对遍布电视的暴力、色情节目已经牢骚满腹了。1974 年,一个 8 岁的小女孩被她的朋友们给强奸了,而她的朋友们强奸她,据说是想"模仿电视里的镜头"。这事激起了强烈民愤,国会做出反应,敦促 FCC 加强管理。FCC 则开始给各大广电公司"做思想工作",说服他们将每晚 8 至 9 点的"黄金时段"定为没有任何暴力、色情内容的"家庭收看时段",以宣扬"主旋律"。

可惜,虽然一部分美国人对于"主旋律"情有独钟,另一部分人则"吾爱主旋律,吾更爱自由"。拿"家庭收看时段"来说,1975 年才开始实施,1977 年就被法官佛古森宣判无效——他甚至都没有援引第一修正案,只是指出该行政命令在程序上的漏洞:FCC 私下里给三大广电公司"做工作",没有经过广泛的公众听证和合理的立法程序。

便是对"下流与否标准",也是民怨不断。很多人攻击它侵犯言论自由,剥夺公众选择的权利,认为广播电视"独特的渗透性"根本经不起深入的推敲,用同样的法理甚至可以为报刊书籍方面"危险的审查制度"辩护。同时,时不时就有电视台或者电台将 FCC 告上法庭。1994 年"FCC 对特纳"的案例中,法官判决"下流与否标准"不适用有线电视。1996 年,国会通过"通讯分寸法",试图限制网络上的下流语言,但是1997年"美国公民自由协会对里诺"的判例中,法官认定"独特渗透性"的法理基础不适于网络世界,从而宣判"通讯分寸法"违宪。

FCC当然不甘心于节节败退,毕竟,它左边是那些要求更大自由的公众,右边则是那些抱怨电视内容太糜烂的公众。比如,2003年一年FCC就收到观众投诉24万起。FCC通过罚款等手段,不断打击那些"下流"的节目:比如美国著名的广播节目主持人Howard Stern,就因不能"忌口"而被多次罚款。2004年珍妮·杰克逊在一次全国转播演出中的"露乳头"事件激起了公愤,FCC对转播该节目的CBS电台开了几十万元的罚单,并借助民意乘胜追击,加大对广播电视的"监管力度"。2006年6月布什签署"通讯分寸实施法",为强化联邦通讯委员会的审查权提供了新的法律支持。

目前只能说FCC和"言论彻底自由"派在这场"审查持久战"中各有胜负:FCC为了保护未成年人,守住了"下流内容审查"的底线;"言论彻底自由派"虽然无法彻底推翻"审查",但将审查抵制在一个最小化的程度。

由此可以看出,如果说中国的广电部门"总急",美国的FCC则是"有点急",区别在哪呢? 首先,在程序上,与中国广电总局"一句话定乾坤"不同,美国的"广电总局"在审查制度上要有行政听证程序,立法部门批准,可以被司法部门推翻,而且FCC自己被电台、电视台推上被告席也是家常便饭。第二,在内容上,FCC的"下流与否标准"遵循最小化原则——无非是生殖器及其相关活动受到屏蔽而已,而从广电总局的各类禁令来看,它几乎遵循了一个"下流标准最大化"的做法——连涉案片、方言片、境外动画片这种无论如何也看不出"下流"在哪的节目也遭到了限制;第三,FCC 的每一次审查强化,都与某些"民愤很大"的广电节目内容有关,就是说,它往往是被动地对社会呼声做出反应,而广电总局则往往是"先天下之急而急"。其实,虽然"先天之之急而急"是好事,不过"无天下之急而急",甚至"逆天下之乐而急",是不是就有点自作多情了呢?

自由社会就是责任社会

我在哥大读书的时候,曾经做过一栋学生宿舍楼的"居住顾问",其中一项任务就是给一些新来的学生签房约。别看入住学生宿舍楼这么点小事,哪怕就住一个月,也要签厚厚一沓合同,非常繁琐。其中有一份奇怪的合同,名字叫"含铅涂料风险说明书",大致意思是,这是栋老房子,其旧涂料中含有铅的成分,你要保证没有七岁以下的儿童随同你居住在此。

作为居住顾问,我特别讨厌签这份合同,因为每次签到这,学生就显得非常困惑,要问这问那。但是作为一个普通居民,我又觉得,有一个什么文件,把我周围环境中所隐藏的健康风险说清楚,这事想起来叫人安心。

长期在美国生活的人都会发现,美国是个充满了各种繁文缛节的社会。以至于有人说,美国虽然号称是"全世界最自由的国家",其实是个"毫无自由的国家"。比如说吧,在美国父母不能随便打孩子,12岁以下的孩子必须有大人陪着,在大街上拿着一个打开的酒瓶是违法的,老板面试员工时不能问人家的年龄、党派、教派或有没有肝炎、残疾,在办公室不能在女同事面前说黄段子……总之,到处是地雷,一不小心就踩上一个。

一方面,美国到处都是脱衣舞俱乐部,另一方面,在办公室说个黄段子都可能被起诉,这里面有矛盾吗? 其实没有。去脱衣舞俱乐部是一个人的自由选择,但是在办公室听到黄段子,不是一个人的自由选择,当一个人的"自由"可能伤害他人的"自由"时,他就必须征得对方的同意,而且是"信息充分前提下的同意"(informed consent)。自由的真谛,恰恰在于这种"同意精神",而不是为所欲

Snapshots © Original Artist
Reproduction rights obtainable from www.CartoonStock.com

LEASING OFFICE

"Here is the lead-based paint Information, Fair Housing criteria, laws regarding tobacco use outdoors, slip-and-fall warning, and, barring any further public hysteria, the lease itself."

繁文缛节是法治社会的特色。一个租房办公人员对一个签约者说:"这是含铅涂料信息、公平住房标准、关于户外吸烟的法律、防滑防摔警告、杜绝公众场合发飙的禁令,以及住房合同本身"

Products with a screw visible are not included in the recall.

一个小小的部件就可能导致大量产品从市场上收回。图中文字:"当螺丝钉清晰可见时,产品不在收回之列"

为。试想如果一个人开车想怎么闯红灯就怎么闯红灯,喜欢哪个美女直接就可以把她拽到家里去,他倒是自由了,但代价却是别人的不自由。所以,自由的悖论恰恰在于,自由的保障,来自于对自由的限制。

也就是说,美国那些碍手碍脚的繁文缛节,恰恰是这个国家之所以自由的前提。在某种意义上,越多的繁文缛节下面,保障了越多的自由,成熟的自由制度里,自由和约束总是具有对称性。最近北美的宠物粮事件,也反映了自由市场制度下的企业有多么"不自由"。

2007 年 3 月 16 日,"菜单食品"公司发布了一个"回收令":收回它在宠物粮市场上的 6000 万罐猫狗粮,原因是已经确认有 16 只猫狗死于它所生产的一种宠物粮（实际死亡数量可能上千只，但是难以确证）。该宠物粮食的一种原料是从中国某公司进口的麦麸，而这些麦麸中含有一种会导致动物肾衰竭的元素。"菜单食品"总部在加拿大，但是美国是其主要销售对象。这事越闹越大，最后有一百多个品牌的动物食物被"回收"。美国 FDA（食品药物管理局）积极参与调查检查，连参议院都于 5 月 2 日通过议案，要求对动物食品的生产程序和标签内容做出更严格的规定。中国政府也积极行动，逮捕了相关责任人。

有人可能会说：多大个事啊？不就是阿猫阿狗吗？但是，对我来说，生活在一个阿猫阿狗的生命都受到尊重的社会里，我觉得安全。

其实，这个动物食品回收令虽然媒体曝光率很高，它只是每年无数公司产品"回收令"中的一个而已。在美国消费者产品安全委员会的网站上，就玩具这一项，我就读到了 72 种玩具的"回收令"，且大多是玩具商自发发出的"回收令"。有些玩具的"危险"，简直可以说是"吹毛求疵"。比如一种玩具手机，回收理由是这样的："手机盖上的金属别针可能脱落，如果儿童吞咽，有窒息的危险。"虽然该金属别针并没有造成任何儿童受伤，但是该厂商收到了 54 起别针脱落的报告，于是，30 万个同型号的玩具手机立刻从市场上收回。

同样，在 FDA 网站上，光 2008 年 5 月的前 10 天，就发布了十多个食品的回收令和警告令，比如，一个关于冰淇淋的回收令中说：由于该产品中含有花生，而商品标签中没有说明这一点，那些对花生敏感的人食用该冰淇淋后可能会产生严重后果，所以该厂的该型号冰淇淋一律收回。

在类似的回收令中，我们看到，这些企业是多么"有责任心"，当然，这跟良知没什么关系，就是怕被起诉而已，因为法律不仅仅保护企业追逐利润的自由，也保护消费者不受侵害的自由。对于我们消费者来说，法律越"吹毛求疵"，企业越"不自由"，我们就越高枕无忧。根据美国消费者产品安全委员会的报告，美国过去 30 年里产品安全引起的伤亡率下降了 30%，这与政府对企业的严加管制密不可分。

许多知识分子热爱批评"美式自由主义"，说"美式自由主义"中的"市场放任主义"是万恶之源。说实话，我不清楚他们指的"美式自由主义"是什么。在我看来，把"美式自由主义"理解成"资本家可以为所欲为"的放任自由主义是误解。与其在概念之上讨论问题，不如关注现实的经验，而现实的经验告诉我：在改革开放前的中国，也就是没有被"美式自由主义"污染的纯社会主义国家里，似乎没有听说企业为产品标签里没有说明花生成分而发出紧急回收令，但是在"美式自由主义"的腹地，也就是美国，16 只猫狗的死可以让 6000 万盒宠物粮的利润化为灰烬。当然，今天的中国似乎也没有听说法律对企业如此严加防范，这受的是哪门子"自由主义"影响我不知道，我只知道，在法治国家里，真正的自由，源于对自由的约束。权利和责任，是自由这枚金币的两面。

政治与法律之间

　　在关于政治的各种大词中，"法治"可能是最政治正确的一个——"自由"可能引起混乱，"民主"可能引起多数暴政，"民族主义"则可能引起冲突，所以我们时不时听说一个国家"太自由了"、"太民主了"、"民族主义太狂热了"——唯有"法治"，好像从没有听说过谁抱怨一个国家"太强调法治了"。

　　人们对"法治"的这种认同，大约是因为"法治"与"人治"相对，包含了"不偏不倚"和"非任意性"这两项原则，而人类对正义的各种认识，大致都可以追溯到这两项原则。然而，真的存在一个完全脱离"人治"的"法治"吗？法律难道不是人制定、解释和执行的吗？脱离了人的因素，法律难道不仅仅是一堆纸片，可以被揉成一团扔到垃圾桶里去吗？

　　何帆 2010 年的新书《大法官说了算：美国司法观察笔记》，就是试图在美国当代社会的背景下，展示法治在政治冲突中是否可能，以及何以可能。对于那些试图透过司法动态了解美国精神的人，这是一本不可多得的好书。

乍一读此书,读者几乎会对法治精神在政治激流中是否可能感到怀疑:法官也是人,而"有人的地方就有左中右",因此,如何诠释法律也就变成了一个政治问题。于是,在何帆的笔下,我们看到美国今天最高法院的九个大法官被分成了三派:右翼保守派是罗伯茨、阿利托、斯卡利亚、托马斯,左翼自由派是斯蒂文斯、金斯伯格、布雷耶、索托马约尔,肯尼迪则被视为中间派。右翼保守派反对堕胎、支持死刑、主张枪支持有权、对利益集团的政治表达不那么警惕,但是对维护有色人种权益的平权法案却颇为反感。左翼自由派则在上述问题上立场截然相反。于是双方在这些问题上展开了旷日持久的拉锯战。令人担忧的是,大法官们之间的意识形态斗争似乎在加剧:2008—2009年,74起案件中近一半是5票比4票或者6票比3票通过,而此前的3年仅有30%的案子如此。

党派之争如此深入地影响司法判决,那么不偏不倚的法治是否可能？美国的"宪法立国"精神是否只是表面文章？当然不是。何帆笔下的大法官们,虽然往往有着鲜明的政见,但同时又是一批拿着放大镜对着法律条文咬文嚼字的"书呆子",对宪法具有堪称"原教旨主义"式的情感。对法律吹毛求疵、字斟句酌的程度,简直令人发指。比如,在2009年的"赫林诉美国"案中,法官们虽然肯定了非法证据排除原则,但却裁决如果警察并非蓄意违法或者错误程度有限,即使是程序上有漏洞的证据,也不能被排除。又比如,在2010年的"佛罗里达州诉鲍威尔"案中,法官们虽然肯定了嫌犯的"米兰达权利"(即嫌犯有在律师不在场的情况下保持沉默的权利),但又指出警察的"米兰达宣告"未必需要一字一句拷贝米兰达案的判决原文,只要表达出嫌犯"被讯问前有权随时见律师"的大意就行。再比如,在2004年的"克劳福德诉华盛顿州"案中,就被告是否有与证人"面对面"对质的权利,大法官们就如何诠释宪法第六修正案展开了激烈辩论,最后重新肯定了"为避免政府滥权,证人庭外陈述不可取代出庭作证"的原则。

在何帆的案例描述中,我们看到,大法官们之所以会发生争论,往往不是因为对法律的蔑视,而是因为法律本身在很多细节问题上含糊其辞。换句话说,今天美国的大法官们往往只是在宪法失语的技术缝隙间展开政治斗争,却绝不至于在宪法的腹地大打出手。米兰达宣告的读法问题上也许还存在争议,但嫌犯是否有保持沉默的权利早已不是问题。大选前60天内企业或工会是否有权赞助政治广告还存在争议,但是有钱人是否可以一口气给某个候选人捐100万美元这事早已不需争论。我们观察今天美国最高法院里右翼和左翼不亦乐乎的争斗时,往往忘记这两派的共识其实远远大于其分歧,他们对宪法共同的捍卫,远远大于他们对某一党派的忠诚。

即使法官在堕胎、持枪、言论自由尺度、选举筹款等问题上还存在政治分歧,大多时候,这也是一种健康的多样性。毕竟,法官们不是石头里蹦出来的,他们身上必然带有"时代的烙印"。法官之间的矛盾,很大程度上是美国社会矛盾的一个反映。比如在死刑问题上,支持死刑的法官多于反对死刑的法官,恰恰对应于支持死刑的民众多于反对死刑的民众;又比如在"电视上是否允许说脏话"问题上,联邦法院禁止电视粗口的裁决,与美国社会主流的价值不谋而合。一个健康的司法体系里，重要的不是法官们是否受其政见的影响，而是他们是否只能受"一种"政见的影响。如果法官之间能够保持政治多元性，法官和法官之间能够形成政治平衡，法治就仍有可能。

更重要的是，在一个充分制衡的政治体系里，法官的声音只是诸多声音中的一个而已：司法力量需要与行政、立法、媒体、市场、公民社会相博弈平衡。在这个意义上，在美国社会，其实谁说了也不算，总统说了不算，议员说了不算，媒体说了不算，法官说了也不算。也许，只有在一个谁说了都不算的社会，理性本身才可能说了算，人治社会才会转变为法治社会。换句话说，法律的无限权威恰恰体现在法官的有限权威当中。

用《大法官说了算》的封底介绍语来说，这是一本关于美国联邦法院"最新、最 in"的书。此话当然不假，因为该书援引的基本都是最近十年左右的司法案例，但是另一方面，所有这些"新"案例的根源其实都是些"老"问题：竞选筹款案例令我们思考言论自由与政治平等如何协调，搜身查毒品案例让我们感受到权利和秩序之间的矛盾，法庭对质案例使我们在程序正义和实质正义之间难以取舍……何帆的写作引导我们通过观察新案例去重温这些老问题，去体会人类在"诸善之争"之间的永恒徘徊。也许有人会为法官不能一劳永逸为人类带来正义而叹息，而我却觉得，正义只可无限被接近却永远无法被掌握，这事令人安慰且欣喜。

人物篇

人民公敌在裸奔

在美国，据说女性中的民主党支持者比例比男性要高，知识分子中民主党选民比例比非知识分子高，大城市居民中的民主党选民比例比小城镇和农村要高，所以有人说，一个最典型的民主党人的形象，应该是"一个大城市里的女知识分子"。

安·库尔特（Ann Coulter）就是一个"大城市里的女知识分子"。然而，她不是民主党人。事实上，她对民主党，确切地说，对一切左翼的、自由派的、政治正确的势力恨之入骨。

就是靠着这股仇恨，她在过去八年的时间里，一口气写了五本攻击"自由派"的书，数百篇专栏文章，并且在 2005 年 8 月冲上了《时代》周刊的封面。

时代周刊的封面上，库尔特身材高挑、金发碧眼、浅笑生辉，如果不是出现在时代封面上，而是大街上，你没准会觉得她是那种典型的"无脑美女"，年轻的时候曾经参选美国小姐。

▲ 库尔特在《时代》封面上被称为"右翼小姐"

▼ 因为思想极端，被很多左翼恨之入骨。图中文字：
　"安·库尔特：纳粹、烂货、病菌"

不，这姐们可不是"美国小姐"，而是《时代》周刊正式命名的"右翼小姐"。美国的左翼势力称其为"美国最危险的保守派人物"。但是连保守派势力都不愿接她这个烫手的山芋，说不不不，她不是危险的保守派，她就是一个"危险的人"而已。在普通的美国人眼里，她则被看作"右翼中的麦克·摩尔"。

　　好好的一个美女，也就40出头，怎么落下这样的名声呢？

　　这其实从她几本书的书名也可略知一二：《无神论：自由主义的教堂》(2006)、《怎样和自由派对话（如果不得不跟他们对话的话）》(2004)、《卖国：自由派从冷战时期到反恐时期的卖国罪行》(2003)、《诽谤：自由派对美国右翼的谎言》(2002)、《重罪及轻罪：克林顿案》(1998)。这里需要顺便指出，在美国，"自由派"含义与中国不尽相同，它往往具有"左派、民主党派"的内涵。在保护"言论自由、结社自由"等方面，保守派其实往往和自由派一样坚定。

　　这些书里面，除了1998年那本以外，内容都是指着美国的左翼自由派势力破口大骂。《诽谤》一书指控左翼势力已经完全控制了美国的新闻媒体。《卖国》为麦卡锡以及麦卡锡主义辩护，称"你们所知道的关于麦卡锡的一切都是谎言"，并称麦卡锡是她最尊敬的人。《怎样和自由派对话》是她的专栏合集，里面充满了对民主党和《纽约时报》的攻击，说跟自由派打交道就两条："不要心慈手软，也不要自我辩护，只管激怒他们"；"知道怎样激怒自由派吗？说美国好话就行了"。《无神论》则宣称，虽然自由派们极力丑化基督教，他们的无神论观点本身已经演化成了一种宗教，有自己的"神话"（进化论）、"圣经"（堕胎法）、"教会"（公立学校）、"神职人员"（公立教

人 物 篇

师),并且像宗教一样坚信自己的"不容置疑"。

这还不是全部,在各种专栏文章、脱口秀、讲演、访谈中,库尔特这张大嘴不断蹦出惊世骇俗的言论。"9·11"之后,新泽西州有四个"'9·11'寡妇"联名批评布什政府的外交政策,并且推动成立了"'9·11'委员会",调查布什政府在防止"9·11"事件中的失职。结果在2006年6月的一次访谈中,库尔特说:"这些女人现在成了百万富翁,在电视、杂志上以名人自居,我还从没见过这么享受自己的老公之死的女人。""9·11"之后,她写道:"我们应该去入侵他们(恐怖分子)的国家,杀了他们的领导人,把他们全给转变成基督徒。"后来,她又公开主张飞机场安检应该只针对穆斯林,省得浪费别人的时间,"一个航空公司最好的广告就是:有最多的阿拉伯人起诉我们。"当别人问那阿拉伯人旅行岂不是很麻烦,她回答道:"他们可以坐飞毯啊!"在一篇专栏里,她写道:"民主党的主要选民,全是些吃福利软饭的胖子。"又说,"那些摇摆不定的选民全都是白痴选民,根本没有自己的原则,他们要么是自由派,但是如果智商高于烤面包机的话,也可能是保守派。"问到她是不是支持废除某些法律时,她说:"最好回到罗斯福新政之前。"谈到1993年一个恐怖分子炸俄克拉荷马联邦大楼的事情时,她说:"当时他应该去炸《纽约时报》的大楼。"她还不赞同普选,因为她"觉得选举前应该有文化水准测试"……总而言之,库尔特的言论里,充满了种族主义、基督教原教旨主义、精英主义、男性霸权主义、美国霸权主义的论调,所以往往是她大嘴一张,整个美国都要从沙发跌到地板上。

像她这样以"政治不正确"为荣的人,自然敌人满天下。民主党人、自由派、有色人种、穆斯林、穷人、女人都难以对她产生好感。有一年她去某大学演讲的时候,有两个大学生干脆向她砸了两块饼。据说著名的自由派演员肖恩·潘有一个库尔特娃娃,专门用来灭烟头。相信库尔特吃早饭的时候,一打开报纸,也经常能看到这样的话:"我希望库尔特这个婊子死在阴沟里,而且死得很难看,最好死后还有无数老鼠来吃她的内脏。"不过以她的心理素质,估计还能心情愉快地接着把早饭吃下去。

就连共和党派、保守派、右翼势力也很少公开支持她。很多保守派表示,库尔特事实上伤害了保守派的事业,就算他们同意她的一些基本观点,也不同意她那种充满仇恨和恶意的腔调。很多保守派刊物取消她的专栏,说她实在是"越界太远"。

但是如果你以为库尔特因此而活得可怜兮兮,那就大错特错了。她的"辛迪加专栏",有上百个网站给链接。她的五本书,除了第一本,都曾荣登《纽约时报》的最畅销书目。最近的这本《无神论》,上市第一周就卖了近5万册,成了当时"非小说类"的销售冠军。究其原因,我估计左派买她的书,是可以抱回家拿放大镜找漏洞,右派买她的书,是因为私下里很窃喜还有这种"傻大姐",敢于站出来说出他们自己不敢说的"心声"。何况如果你剥去她那些刺激性的语言,认认真真去读她写的东西的话,会发现其中也有不少理性和智慧的成分。

估计库尔特以前也没有这么"剽悍",后来写的越多,得罪的人越多。得罪的人越多,被骂得越多。被骂得越多,越充满了愤恨。弄到最后,一不做二不休,干脆脱掉所有"政治正确"的外衣,来个思想的"裸奔"。懒得扭捏了,懒得话说一半留一半了,懒得笼络人心了。我就是骂你怎么着吧?!这不还是美国嘛。这不还是有保护言论自由的第一修正案嘛。

也就是从这一点来说,库尔特也有她的可爱之处。虽然她的大部分观点都极其反动,但是她这份既不媚俗、也不媚雅的勇气,却难能可贵。要知道在美国的知识界、媒体界、城市精英界,自由派的声音的确是占压倒优势的。她一个美女,愣是脱了舆论的高跟鞋、卸了政治正确的妆,在一个温文尔雅的言论世界里一往无前地裸奔,也算是英勇无畏了,只不过正如中国老话所说,很多时候,无知者最无畏。

你好死，我赖活

前一段《纽约时报》上有一篇长达一万字的文章。在美国的头号大报上登一篇洋洋洒洒十几页的文章，已经够神奇了。但是更神奇的是，我竟然把它给读完了。

写这篇文章的是一个女人，一个残疾女人，一个残疾到令人毛骨悚然的女人。用她自己的话来说："坐轮椅只是我的问题中最微不足道的一点。经过四十多年的肌肉萎缩症，我的肌肉已经完全消失，我的身体就是一张皮挂在一堆骨头上而已。现在我的脊椎成了一个扭曲的 S 形，为了支撑我的上身，我把肋骨倚在大腿上，将胳膊肘支撑在我的两膝之间。"

正当我打算掏出手帕，为一个身残志坚的故事而洒下热泪时，发现其实根本就不是那么回事。这个叫哈莉亚特·约翰逊的女人，虽然身体状况比较不幸，竟然是一个非常有战斗力的律师。但"身残志坚"不是她要讲的故事，她要讲的是她和一个普林斯顿教授之间的一场较量。一个围绕着残疾婴儿是不是"好死不如赖活着"的较量。

▲ 彼得·辛格的《动物解放》一书曾
经轰动一时，唤醒了一大批人的保
护动物权利意识，"素食主义"成为
一种颇有市场的政治态度

▼ 身残志坚的哈莉亚特·约翰逊

民主的细节：当代美国政治观察随笔

这个教授叫彼得·辛格。他被很多人，尤其是残疾人和基督徒，称为"邪恶一号"。原因很简单，他持有下面这个观点：对于有高度残疾的婴儿，在其出生 28 天之内，在医生的核实与协同下，父母有决定对其进行安乐死的权利。当然了，如果父母觉得，自己的孩子就是长成一只恐龙也认了，那他们就养着好了，彼得·辛格也不会拿着刀追杀他们的孩子。他倡导的是父母选择的权利。

辛格自称是边沁的功利主义的接班人。功利主义这个词听起来别扭，在西方哲学里，一言以蔽之就是：一个社会越快乐越好。其实用跨世纪的著名偏好功利主义大师——我外婆——的一句话就可以概括出来了：太受罪了。他的意思是，这些残疾婴儿长大了，活得很痛苦，给国家、社会，尤其是父母带来很多麻烦，与其大家彼此添麻烦，不如趁早掂量掂量，反正 28 天以前的婴儿还混混沌沌，生和死对他们来讲都没啥意义。

一个社会越快乐越好，听上去似乎也没错。但是要把它诠释成人有安乐死甚至有对人实施安乐死的权利，还是有很多人不同意。尤其是在西方社会，受基督教的影响，很多人认为身体发肤受之于上帝，是"神圣"的。美国有一个残疾人组织叫"还没死呢"（NOT DEAD YET），其主席就宣布辛格和希特勒其实是异曲同工，都是倡导杀死"品质低劣"的人。辛格到普林斯顿大学就任的时候，残疾人组织，反安乐死的组织，宗教组织等浩浩荡荡就去示威游行了，试图把他赶出普林斯顿。

这些很不乐意的人中，就有哈莉亚特·约翰逊，这个按照辛格的观点可以不存在的人。多年以来，他们一直在孜孜不倦地争吵。

不如我把他们的争论压缩成下面一段对话吧。

约翰逊(下同):你为什么觉得当年他们杀了我也没什么?

辛格(下同):因为你活得痛苦,也给别人带来痛苦。

约翰逊:你怎么知道我痛苦? 你又怎么知道我爸妈痛苦? 我虽然坐着轮椅转来转去,但快乐着呢,我爸妈也高兴着呢。

辛格:你要是不坐着轮椅转来转去,你和你爸妈没准更快乐呢?

约翰逊:何以见得?

辛格:你没见所有的父母都希望孩子健康吗? 就算是领养孩子,也都要领养健康孩子嘛。

约翰逊:那人家领养孩子,还都想领养白人孩子,而不是黑人孩子,难道黑人孩子更低劣? 你说的那些不过是一种市场的偏好,而市场是充满偏见和歧视的,不能作为伦理道德的标准。

辛格:给自己和别人造成痛苦,就是不道德的。

约翰逊:子非鱼,焉知鱼不乐?

辛格:子非我,焉知我不知鱼不乐?

约翰逊:子非我,焉知我不知你不知鱼之乐?

总的来说,辛格先生和约翰逊小姐的争论集中在两个焦点:残疾和快乐的关系;快乐与价值的关系。第一个问题是:我残疾,我就一定不快乐吗? 第二个问题是:我不快乐,我就一定没有价值吗? 这两个问题就大了去了。前者是一个统计学的问题,涉及到科学的局限性:我们能在一个充满感情、宗教、历史的世界里测量"快乐"吗? 约翰逊可能会因为更健康而更快乐,但有没有可能更健康的她反而没有动力奋斗,因而没有今天的成就,所以更不快乐呢? 而后者则涉及到哲学的痛处：只有快乐的生命才值得度过吗？那为什么苏格拉底说他"宁愿做一个痛苦的哲学家也不做一头快乐的猪"呢？这摊涉及到科学和哲学最基本困境的浑水，我还是不去搅和吧。

但到现在，我还只说了故事的一面，另一面还没讲呢。如我们前面所说，"还没死呢"组织极力要搞倒辛格，把他饭碗砸掉。但是要妖魔化辛格，有一定难度，原因在于辛格教授是西方动物权利运动的鼻祖。就是从他1975年出版《动物的解放》开始，动物的权利才从一种"妇人之仁"上升为一个越来越强大的政治运动。

婴儿都可以杀死，却喊什么保护动物。这个彼得·辛格，可能有人要说，真是太伪善了。嗤之以鼻的人当中，约翰逊当然算一个。她的轮椅上，铺的就是一张羊皮坐垫。

其实仔细想来，辛格也没什么不可思议的。还是那个"最大快乐，最小痛苦"的出发点，只不过边沁的功利主义用到动物身上而已。

但人是人，猪是猪，这怎么能混淆呢？不，辛格可不这样想。不如我们再来设想一场辩论：

约翰逊：你为什么连人命都不稀罕，却稀罕阿猫阿狗？

辛格：为什么不能稀罕阿猫阿狗？

约翰逊：因为它们是动物啊！

辛格：你说这话没有任何意义，就像是说：我们歧视女人，因为她们是女人啊。等于什么也没说不是？

约翰逊：但是它们智力低下啊！

辛格：一个聪明的猴子比一个白痴还聪明呢，难道我们也应当养殖白痴然后把他们全屠杀掉,端上餐桌?

约翰逊:哎? 你不是主张对白痴实施安乐死吗?

辛格:如果是对动物们安乐死,我也没啥意见。问题是你知道那些动物养殖场的条件有多残忍吗? 五只鸡养在一页报纸那么大的地方,连一个翅膀都抬不起来;还有动物实验,大公司为了实验化妆品,把兔子眼睛弄瞎……

约翰逊:算了吧,我们讲人人平等,难道还人狗平等不成?

辛格:人狗为什么不能平等? 人人平等本来描述的就是一种理想,而不是现实,既然是理想,为啥不可以实施于动物?

在辛格和约翰逊论战之际,我不禁陷入了深思。我深思的结果就是:美国人啊美国人。

我的感慨是有一定道理的。我这里谈论的不仅仅是两个人的私人对话,而是美国的两个政治运动:婴儿/胎儿权利的运动和动物权利的运动。注意这两个运动的性质,与一般的政治运动不一样的地方是:它们不是出于一种利益的斗争,而是一种伦理的自觉。有人说民主制度就是给利益冲突一个和平的解决方式,但是这两个运动说明它还有更大的用途,它对于道德的用途。民主制度是为了让不同的人发出声音,但是阿猫阿狗,婴儿胎儿发不出声音,而这个制度仍然不得不倾听这些无言者的声音,可见政治不仅关乎利益,还是有伦理的一席之地。

当然我们可以说,只有美帝国主义才可能用它全世界掠夺来的钱财支撑起这样的民主。这也有些道理。比如,美国人民普遍发胖,该减肥了,决定吃素了,于是成了动物权利主义者。或者,美国人口增长率不高，所以他们不鼓励打胎，也不鼓励安乐死，让这些老弱病残来拉动内需。这些"国情论"的看法也许有些道理。不过辛格教授似乎也不是需要减肥的胖子，约翰逊女士似乎也不可能有自己的孩子。在这些人的诉求里，还是有些真的叫做"信念"的东西在里面，这些真的东西给政治以希望，而好的政治也给他们以希望。

读完那个万字长文，说实话，我把两个人的问题都看出来了。哈莉亚特·约翰逊认为"所谓自由选择是由偏见引导的"，这倒没错，但我以为由此得出"我们不需要自由选择"，这就过了。而彼得·辛格，一边倡导"人人平等，人畜平等"的理想，一边以人的脑力水平来判断人的价值，也算是自相矛盾。

不过还是暗暗地欣赏这两个人，觉得他们为无言者说话，算是两个好人。不，我的意思是说，为无言者说话，两个多么好的人。

"愤青"的下场

与中国社会相似,大好形势怎么也杜绝不了那么一小撮愤怒青年"端起碗来吃肉,放下碗来骂娘",美国社会也充斥着很多这样的愤青。让美国愤青们忿忿不平的事有很多,比如他们对一种叫资本主义的事物经常嘀嘀咕咕,又比如很想把白宫那位老念错别字的先生送回老家,他们说将抽大麻非法化是变相的种族歧视,而且心系第三世界国家的血汗工厂,说什么也不买耐克鞋。

天下太平时,美国愤青们是没有什么市场的。他们大多衣冠不整,失魂落魄,龟缩在一些波西米亚式的咖啡馆里唉声叹气,为天下没有什么事可以忿忿然而忿忿然。最大的安慰大约是读读马尔克斯或者阿多诺,遥想 1960 年代,人们抓革命促生产,粪土当年万户侯。现在不行了,在老小布什的英明领导下,美国国泰民安,人民心宽体胖。愤青只能过着一种"精神游击"的生活,徒有满腔热血,终究报国无门。

但是打起仗来就不一样了。伊拉克战争快打响时,美国举国愤青,上下出动,隔三差五跑到大街小巷去反战,一颗颗长期被压抑的愤世嫉俗的心终于找到了一片艳阳天。在愤青的根据地纽约、旧金山等地，成千上万的愤青们从城市的各个角落涌出来，相聚在街头，以音乐、舞蹈、吼叫、骂娘、大字报、小漫画等各种群众喜闻乐见的形式表达其热爱和平的心声。愤青们在自越战以来默默无闻地度过了几十年之后，终于赢来了又一个春天。

不过站在大街上浑水摸鱼地吼一两嗓子是一回事，站在讲坛上掷地有声地散布卖国言论又是一回事。有那么一个愤青，被愤青的大好形势冲昏了头脑，得意忘形，结果出言不慎，被和愤怒青年一样慷慨激昂的爱国青年们抓到把柄，被整了一个七窍生烟。

这位愤青就是哥伦比亚大学人类学系一个35岁的教授基诺瓦。在哥大的一次反战集会上，他一时激动，说出了"希望美国战败"的言论，更重要的是，他用了下面这个耸人听闻的句子，"我希望在伊拉克发生一百万次摩加迪沙事件"。摩加迪沙事件是指1993年18个参加索马里维和行动的美国士兵死于一场伏击的事件。

基诺瓦的言论引起了各界群众的极大愤慨。爱国青年对基诺瓦竟然公开希望在前线抛头颅洒热血的美国士兵不得好死感到"震惊"和"恶心"。首先是基诺瓦一两天之内收到成百上千的"死亡威胁令"；群众的唾弃像雪片一样飞向哥大校长办公室、人类学系办公室；哥大的许多捐助人威胁说如果哥大不解聘这个卖国贼，他们将不再资助哥大；105位国会会员联名给哥大写信要求哥大解雇基诺瓦；社会各界通过媒体对基诺瓦发出了强烈声讨，称其言论为"白痴的"、"令人发指的"、"野蛮的"、"无耻下流的"，总而言之，一时间，基诺瓦成了美国"最受人痛恨的教授"。

▲ 麦克·摩尔的纪录片处处都在批判布什政府的外交内政。尤其《华氏"9·11"》一片，让摩尔捧回了一个奥斯卡奖，却令布什颜面失尽

▼ 麦克·摩尔因为总是批评美国的外交政策，被右翼漫画家恶搞成基地组织成员

这里有必要为爱国青年的群情激愤给一个小小的注释。自伊拉克战争被提上日程以来，在美国民间，主战派其实是一直深受反战派压抑的。虽然"民意调查"显示美国主战的民众随着战鼓越敲越响而越来越多，但从街道政治的风采而言，经常是一个浩浩荡荡激情洋溢的反战示威和一个稀稀拉拉有气无力的主战示威相对峙。在这种爱国青年士气低落的情形下，愤青的一个错误就成了爱国青年的最好炮弹——终于有扳回道义上的劣势地位的机会了，爱国青年们终于可以像愤青们那样义正词严一回了。所以虽然基诺瓦一再声称他只是在"象征性地使用摩加迪沙的比喻反对战争，并不希望美国士兵损失生命"也无济于事，因为爱国青年不怕愤青犯错误，就怕愤青不犯错误，此类"白痴的错误"对爱国青年们这么有利可图，澄清了就没劲了。

　　但是基诺瓦事件算是对愤青们进行了一次生动的国情教育。愤青们发现他们三十年不遇的反战狂欢节其实并不是所向披靡。有人开始抵制法国货，因为法国政府和美国政府在伊拉克问题上叫板；一些零售商开始拒销麦当娜的唱片，因为麦当娜没事吵吵什么和平；某地方电台一个主持人公然号召谋杀一个反战分子；一些反战名人开始收到各种威胁和被取消公开露面的机会；一个教师因为穿反战汗衫而被解雇……一股政治寒流笼罩着美国，再一次证明了自由在"群情激愤"面前的脆弱。

　　不过也不用难过得太早。愤青的下场也并不总是这么悲惨，另一个美国著名愤青的故事就比基诺瓦的故事要振奋人心得多。这个超级愤青就是麦克·摩尔。摩尔几十年如一日，兢兢业业地战斗在愤青第一线。如果要在全球设立一个诺贝尔愤青奖的话，他恐怕是当之无愧的得主了，至少也能和那个鞠躬尽瘁死而后已的老愤青乔姆斯基平分秋色罢。

摩尔最大的愤青作品应该就是他获奥斯卡最佳纪录片的 *BOWLING FOR COLUMBINE*（《黑枪文化》）了。这个纪录片以美国的枪支问题为线索，以"都是美国惹的祸"为主题，彻底全面揭露了美帝国主义国内国际上的种种劣迹。其中最经典的镜头就是将美国在亚洲、拉美、欧洲、非洲的警察行动和"9·11"串起来，以"无声胜有声"的方式精炼回答了让美国人民困惑不已的一个问题：为什么他们仇恨美国？

当然，摩尔对这个问题的回答和白宫里那一小撮走资派的观点是形成鲜明对比的。白宫认为"9·11"的发生是因为美国的自由民主招致了全球性的妒忌，很有点"红颜祸水"的论调。摩尔对"红颜祸水"论这么响亮的一记耳光，还得到了主流的奥斯卡奖委员会的承认，可以想象白宫之尴尬了。

不出所料，摩尔在奥斯卡颁奖会上表演了一场超级愤青秀。他在颁奖台上发表了如下愤青言论："咱们这年头，一个扯淡的选举产生了一个扯淡的总统。眼下这场战争更是一场扯淡。你们发扯淡的防毒气胶布也好，搞扯淡的橙色警报也好，我就是要跟这场战争过不去。布什啊布什，你怎么不害臊。当教皇和 DIXIE CHICKS 都看你不顺眼时，你也没啥混头了。"

如我们所知，摩尔的讲话很快被一片嘘声和乐队演奏声给扑灭了。据主持人后来玩笑说，摩尔被塞进他的车厢盖里拉走了。在当时战争正如火如荼地进行，爱国主义精神日趋高涨时，不难理解为什么摩尔一番欠揍的言论引起嘘声一片。也不难想象事后他会受到无数的威胁恐吓，成为众多媒体攻击的对象。

但是摩尔不愧是一代愤青之豪杰。不管风吹浪打，胜似闲庭信步。在车厢盖里蒙头大睡了一阵之后，他觉得有必要以愤青老大的身份出来鼓舞一下愤青队伍了。4 月 7 日，他在其个人网站上给愤青们写了一封鼓舞人心的信，大意是：同志们，我知道你们现在日子不好过，因为反战，你们有的失去工作，有的失去朋友，有的在心理上承受巨大的恐惧，敢怒而不敢言……但是告诉你们一些好消息：他们不是希望我的电影卖不出去吗？我的《黑枪文化》票房比有史以来最卖座的纪录片还要好三倍；我的书《愚蠢的白人》现在在纽约时报畅销书排行榜排名第一，我的网站在奥斯卡颁奖会后一周是平均一天 1000 万到 2000 万的点击量；我又拿到了下一步片子的资助……总而言之，摩尔给广大的愤青队伍带来愤青前线的捷报，证明了愤青的道路是曲折的，愤青的前途还是光明的。

摩尔和基诺瓦两大愤青的不同下场说明了什么？第一，要做好愤青，不能犯右倾机会主义的错误，但也不能犯"左派幼稚病"的错误，愤青要愤得有理有节，这样愤青的统一战线工作才能做好；基诺瓦的教训说明了这一点。第二，虽然人民群众的爱国热情高涨，但是愤青还是有其生存的一席之地，愤青们完全可以用"敌退我进，敌进我退"的策略继续拓展生存空间，所以盲目悲观还为时过早；摩尔的经验则说明了这一点。

对了，给广大愤青打气的一点小尾声。虽然政客们和大款们极力要挟哥伦比亚大学解雇基诺瓦,哥大还是抵住了压力,援引宪法第一修正案中关于"言论自由权"条款保住了基诺瓦的职位。基诺瓦出门避了两个星期风头之后,又于 4 月 11 日回到了课堂,而且其愤青势头不减当年,说什么"一个吵吵闹闹的社会才是一个健康的社会"。

对你骂骂骂不完

一个人做一天、两天愤青不难，难的是做一辈子愤青。

乔姆斯基就是这样一个"老当益愤"的愤青。

从 20 世纪 60 年代到 21 世纪，乔姆斯基一直在批评美国外交政策，从越战骂到伊战，终于骂成了著作等身的天下第一愤青，难怪反美斗士，委内瑞拉总统查维斯，都要在联合国大会上高举乔姆斯基的书，控诉"美帝国主义"的罪行。

众所周知，乔姆斯基是美国麻省理工学院的一个语言学家，但是真正让他成为一个公众人物的，是他的反美言论。他批评肯尼迪、约翰逊政府的对越政策；批评里根政府对尼加拉瓜内政的干涉；批评克林顿政府的科索沃政策；批评布什政府的阿富汗战争和伊拉克战争；批评美国历届政府的中东政策和古巴政策……他所有批评的立足点，对于中国民众来说也许不会陌生：美国政府的外交政策是打着"自由"、"民主"的旗号，去实现美国霸权主义的野心。

乔姆斯基向来"不惮以最坏的恶意"来揣测美国政府。他对美国政府外交政策的分析,充满了"阴谋论":中东政策显然是为了石油霸权,对亚洲和拉美各国的干预是为了破坏发展中国家独立的发展模式,对干预科索沃和东帝汶这样实在看不出什么"现实利益"的政策,也是别有用心——为了确立"绕过联合国"的军事干预模式。总而言之,挖不出"现实利益"挖"长远利益",挖不出"长远利益"挖"深层动机"。美国的所有外交政策,总能三下五除二,被老乔分析成一小撮资产阶级当权者对广大发展中国家人民不遗余力的迫害。

他的很多分析显然是有道理的。毋庸置疑,美国政府的外交政策的基本考虑是国家利益。为了国家利益,它只是有选择性地"适用"干预对象。同样是为了国家利益,它甚至可以践踏自己所倡导的"民主"、"自由"原则,去或明或暗地支持一些独裁政权。

不过,可惜历史永远不是一幅非黑即白的图画。如果只看乔姆斯基的书,读者脑子里也许会浮现出一个"暴烈流氓凌辱无辜弱者"的画面。问题是,那些被美国"欺负"的"无辜弱者",又是些什么人呢?当乔姆斯基将揭露红色高棉屠杀的新闻描述成美国的"反共宣传"时,上百万无辜的柬埔寨人已经在红色高棉手下死去。当他把美国打阿富汗看成"帝国主义战争"时,阿富汗人已经在残暴的塔利班手下被蹂躏多年。至于米洛舍维奇政权、萨达姆政权、桑迪尼斯塔政权……又何尝不都有它们的污点甚至血腥?也许美国政府并不是为了"自由"、"民主"的正义理念而四处伸手,但是同样没有理由相信这些政权又是为了"独立"、"自立"的正义理念而"反抗侵略"。可悲的是,历史上的许多斗争,不是在"善恶"之间,而是在"恶"与"更恶"之间。

不过,那些因为乔姆斯基反美而把他引为"知己"的专制拥护者们可能会很失望——因为他不是站在"反民主、反自由"的立场上反对美国,而恰恰是认为美国还不够"民主自由"。事实上,自称"无政府—社会主义者"的乔姆斯基曾说过,他之所以留在美国,是因为美国是全世界"言论最自由的"国家,而苏联这样的"专制国家"倒台,不是社会主义的失败,而是"社会主义的胜利"。

敢　飞

有时我会想，希拉里·克林顿是否感到孤单。

她的名字总是和"唯一"、"第一"联系在一起。卫斯里大学第一位被邀请做毕业演说的学生、著名的罗斯法律事务所第一位女性合伙人、总统夫人中唯一有自己成功事业的人、纽约州有史以来唯一的女性参议员，唯一在丈夫卸任后谋求公职的第一夫人……现在，随着 2007 年 1 月 20 日她宣布竞选 2008 年美国总统，而民意调查显示她在民主党参选人中位置领先，她还可能成为美国第一位女性总统。

人们说，高处不胜寒。当这个总是微微扬着脸、抿着嘴、微笑都显得冷峻的女人不得不以那些"唯一"、"第一"的身份面对满堂西装革履的男性、面对咄咄逼人的记者、不依不饶的政治对手、媒体的冷嘲热讽时，是否会有某些片刻，希望自己可以像其他的女人那样，将幸福仅仅诠释为温馨的餐桌前，看自己的家人狼吞虎咽自己做的晚餐？

▲ 希拉里属于那种越老越美的女人,坚强的意志令她
  别有风韵

▼ 希拉里总是意气风发,朝气蓬勃,是"女强人"的招
  牌形象

人 物 篇

257

在希拉里这样的女强人面前，便是总统克林顿也
要矮三分

　　也许曾经有过，公众当然无法知晓。我们看到的，永远是那个
勇往直前的希拉里，那个铁女人。

　　事实是，当一个女性试图去承担比家庭更大的社会责任时，试
图实现比自立更辉煌的社会成就时，她就必须准备好成为他人眼中
的异类，准备好承受孤单。几千年的男权文化都在说，追求成功的
女人是不性感的，追求成功的女人是不可爱的，追求成功的女人其
实根本就不是女人。

　　但是这一切正在改变。

　　希拉里参选总统，最近佩罗西成为美国众议院首位女议长，以
及女国务卿赖斯的形象，使人们开始惊觉女性在美国政治中的地
位：怎么一夜之间美国政坛上多出这么些女性的面孔？

　　不，不是一夜之间。这几位女政治家的崛起，以及目前美国国
会中出现 15％的女性面孔、50 个州长中出现 8 位女性，其实是过去
100 多年女权主义运动终于开始结果。100 年前，女性在公开场合

穿长裤都可能被投入监狱,而现在,这个文化保守的新教国家脑海里开始闪现一个崭新的词汇:总统女士。

大致来说,美国的女权运动有两个浪潮。第一个浪潮是在20世纪20年代左右。那时候的女权斗争,主要是反抗法律制度上的歧视,争取普选权、同工同酬、受教育权、婚姻自主权等等。1919年美国宪法第19修正案授予女性投票权,是这一次女权浪潮的标志性胜利。第二次浪潮是在20世纪60年代到80年代左右,主要是追求男女在社会经济上的平等,反抗那些"不成文的性别歧视",比如在大学录取女生、职场女性升职方面的"心照不宣"的歧视。60年代崛起的"平权法案"和70年代女性堕胎权的合法化,可以说是这次女权运动的里程碑。女权主义运动的第一次浪潮,取得了举世公认的胜利。但是第二次浪潮的成果,却要模棱两可得多。毕竟,改变文化比改变制度更难。改变制度不过是重写一些法律条文,而改变文化却是要扭转几千年来形成的观念。

女权运动最大的敌人,莫过于那种根深蒂固的"本质主义的女性观":男女本来就有别,女人本来就是如此这般的,而男人本来就是如此那般的。很多人不去区分这些"男女有别"中有多少是自然禀赋造成的差异,又有多少是社会建构的后果。当女性试图摆脱"社会建构"的这个部分时,他们立刻搬出"自然禀赋"的那个部分,把她们对自由的争取、对潜能的发掘、对欲望的释放妖魔化成"女人想要变得跟男人一样"。

应该说,对女权主义的"妖魔化"非常成功。许多人无视女性在政治、社会、经济各种领域的明显落后，无视在中国还有无数女婴被遗弃，还有不少伊斯兰国家女性连投票权都没有；即使在美国女性堕胎权还颇受争议，家庭暴力遍及全球等等都还是显而易见的事实，却津津乐道某些激进女权主义者拒绝男性为自己开门、拒绝戴胸罩这样缺乏社会影响的小事，在对这些鸡毛蒜皮的反复关注中构建一种"伪现实"、"伪问题"，从而取消"女权主义"的必要性。甚至许多女人自己，都对"女权主义"这个词避之不及，屈从于那种本质主义的女性观。

这种本质主义的性别角色模式，最充分地体现在电影《斯代普佛德的家庭主妇们》里。在一个风景如画的美国郊区小镇斯代普佛德，所有的家庭主妇都美轮美奂、温柔贤惠，只关心丈夫孩子、健身美容和烹饪园艺，最后却发现所有这些"完美女性"其实都是机器人而已。该片虽然是个科幻片，然而，环顾我们身边热火朝天的"女人味"工业，无数女性热衷于研究时尚杂志上最新的丰胸心得，却对开发自己在智力上的潜能、承担自己的社会责任漠不关心，不能不说《斯》其实是科幻形式下的现实主义作品。

另一个著名的女权主义小说《怕飞》，同样是表现女性的性别角色焦虑。而女权主义者格利尔的作品《女太监》，则批评西方那种"郊区家庭主妇"的形象摧毁女性的身体和精神的能量，将生机勃勃的女性阉割成了温顺无力的"女太监"。

好在并不是所有的女性都"怕飞"。总有一些"邪乎"的女性愿意突破他人的眼光，穿越成为异类的孤独感自由飞翔。希拉里、佩罗西、赖斯正是其中一些。

事实上，在女性参政方面，美国并不是一个楷模国家。如前所说，女性在国会和州长中都只占 15％ 左右。但是，从制度性歧视的消失，到女性能力的增长，到角色心态的转型，往往需要几代人的积累，这只能是一个缓慢的过程。

增强女性对政治的影响力，不应当仅仅是提高女性政治家的比例，同样重要的是将更多"女性的眼光"带入政治当中。有研究表明，女性政治家更倾向关注教育、医疗保障、劳工条件等弱势群体问题，更支持"市场干预型"的政府，对市场丛林主义、对外军事行动则往往心怀戒备。比如，2004 年美国女性中有 39％ 支持民主党，男性中只有 31％。在 2004 年的选举中，48％ 的女选民给布什投票，而给他投票的男选民则是 55％。某调查问卷中有一个问题是"如果北朝鲜入侵南朝鲜，美军是否应该派兵干预？"49％ 的男性表示支持，而支持的女性只有 30％。

希拉里本人的政治轨道也说明了这一点。早年读书期间，她就曾经为贫困家庭的儿童、外来移民工作。在第一夫人期间，她曾担任"全国健康保障改革计划"的领头人，并曾发起"儿童健康保险计划"和"领养及安全家庭计划"，同时也为女性权益努力工作。在任参议员期间，虽然在伊战问题上她投了赞成票并且不主张尽快撤军，但在医疗、教育、劳工等问题上她一如既往地坚持了以往的立场。

人们习惯于说，"政治让女人走开"。如果把政治仅仅理解为一些权力精英之间的勾心斗角的话，也许政治的确不需要女性。但是，如果我们看到并且承认政治框架是历史的河床，是社会关系运转的基础设施，那么，政治不能让女人走开，不仅仅是因为女性需要通过政治去主宰她们自己的命运，而且因为在一个弱肉强食的世界里，政治本身也需要更多女性的视角与悲悯。

新保守主义的"哲学王"

列奥·施特劳斯(Leo Strauss),一个犹太人。1889 年生于德国,1938 年移民到美国,之后大部分时间任教于芝加哥大学,死于1973 年。写了一些古典政治哲学的大部头,但这些书大多在图书馆的角落里静静地栖息。他生前在"圈内"算是一个"腕",但社会公众对他基本上一无所知。

这份简历,似乎描绘了一个学者理想的一生:深邃,宁静,并且恰到好处地寂寞。在知识的秘密花园里和伟大的哲学家们约会了一辈子,然后口干舌燥地随他们去。

然而,就是这样一个寂寞的名字,30 年后突然跳出坟墓,窜到美国各大媒体的大块头评论文章中大放光芒。《纽约客》、《纽约时报》等大报突然开始连篇累牍地谈论这个 30 年前去世的老头,他们说这个老头是美国"新保守主义"思潮的灵魂工程师。而今天的美国,是一个"新保守主义"的美国。

什么是"新保守主义"? 从 1960 年代开始,作为对左派运动的抵

▲ 沉浸在柏拉图著作中的列奥·施特劳斯竟然被说
　　成了布什政府的幕后黑手

▼ 生前寂寞、身后挨骂的列奥·施特劳斯

民主的细节：当代美国政治观察随笔

抗,保守主义势力就已经开始备战备荒,今天的保守主义又有何"新"意?"今天的新保守主义者们",一篇最早掀起施特劳斯热的文章写道:"既不想废除妇女的堕胎权,也不想在学校里强加基督教的祷告仪式",相反,他们是"来自纽约的、从左派转变过来的、信奉民主自由的、受过高等教育的雅皮士"。

这些雅皮士们到底主张什么? 我以为,一言以蔽之,就是"自由民主的原教旨主义"。就是说,西方国家不但要"保卫"自由民主,而且要"扩张"自由民主。自由民主不但应当是一种康德式的理念,而且应当是一种尼采式的意志。

这样来理解当前美国的新保守主义,才能解释为什么不早不晚,偏偏是 2003 年施特劳斯会突然转悠回来,给这个世界起起哄。美伊战争,或者说,以美伊战争为标志的美国外交新战略,让人们一头雾水,一头雾水中开始打量身边的这个"新世界",人们急需一种理论,来解释为什么我们生活的这个世界突然充满了"邪恶轴心"、需要"先发制人的战争"、需要"政体变更"来获得救赎。要有列奥·施特劳斯,上帝说,于是就有了施特劳斯。

施特劳斯一生几乎从未写过外交政策方面的文章,而小布什是没事在白宫里抓蜘蛛也不会去读哲学,那么这个故纸堆里的老头如何成了小布什外交政策的"教父"? 据说施特劳斯三四十年前就开始精心培养一些反动苗子,如今这些苗子出息了,就猫在布什的政府和智囊团里与人民为敌。最有代表性的,是美国国防部副部长 Paul Wolfowitz,他是美国著名的新保守主义者 Allan Bloom 的学生,而 Allan Bloom 则是施特劳斯的学生。美国国防政策委员会的主席 Richard Perle 也被认为是施特劳斯党的一个根红苗正的党员。William Kristol 是另一个代表,他创办的 The Weekly Standard,是白宫的必读物。他的老爸 Irving Kristol 被认为是美国新保守主义运动政治上的鼻祖。据说,著名的杂志 *National Review*, *Commentary*, *The New Republic*,还有几个最有影响的思想库 The Hudson Institute,The Heritage Foundation,The American Enterprise Institute 都继承了施先生的遗志,四处散布"反革命不是请客吃饭"的道理。

这些"鹰派"的政治家和战略家们几乎可以说是"理想主义者"。他们反对与"专制"国家贸易正常化,喜欢耍酷——"不跟你玩就是不跟你玩,给我吃泡泡糖也没有用"。另一方面,他们又是坚定的"现实主义者"——没什么耐心对"专制"国家谆谆教导,爱好时不时地展示他们的肱二头肌。所以他们在外交上反对核裁减,主张"有限战争威慑",主张美国撤出"反导条约"。

显然,即使是列出一大堆施特劳斯的徒子徒孙,把这样一个孤僻的哲学家和今天好斗的美国外交联系起来还是有些牵强。刚才列举的一大堆施特劳斯主义者,只有 Wolfowitz 把握要职,而要说他 30 多年前选的两门课导致了今天伊拉克的战火纷飞,这种因果链条就混沌得有些混蛋了。

然而,施特劳斯又真的和今天的世界没有关系吗?或更进一步说,施特劳斯一生所钟情的古希腊哲学家们和今天的世界就没有关系吗?这个施特劳斯,这个自言自语了一辈子的老头儿,是真的倾心于图书馆的角落以逃避尘世的喧嚣,或者,他其实是在开辟另一条更孤独也更艰难的道路来深入这种喧嚣的核心？

施特劳斯经历了德国魏玛时代和冷战最酷寒的时代，也就是所谓"柔弱的民主制度"经受法西斯主义和共产主义双重挑战的时代。这个阴影，笼罩了施特劳斯一生的思考，并且决定了其思想中一个指南针式的主题：为什么会有暴政？为什么在启蒙的日出唤醒清晨之后，"夜，最漫长的夜"会重新降临？

对施特劳斯来说，暴政的问题，归根结底是一个现代性的问题。启蒙时代的现代性，敲响了科学与民主的钟声，同时也开启了哲学上的"潘多拉盒子"——认识论上的"相对主义"。政治作为一种公共生活方式，在古希腊时代是完善人性的一条道路，在中世纪则是通向神意的道路，而现代的曙光，却照出了政治捉襟见肘的处境。政治只是一个权力的游戏，并没有一个喜剧式的宿命。神性的、人性的光芒淡去，政治变成了人类在荒野中的流浪。现代话语中的"自由"，刚好用来模糊是与非、正义与邪恶的界限；而现代话语中的"民主"通过把一个质量问题转化成一个数量问题，为这种相对主义提供了技术上的可行性。

正是在这里，施特劳斯显示出他对自由民主制度的暧昧态度。一方面，他厌恶"自由选择"、"民主程序"所庇护的漠然。如果自由意味着堕落可以无限，而民主则只是一个统计学的游戏，那么他宁愿生活在古希腊的城邦生活中，在那里，自由用于明辨是非，而权力必须仰赖"德行"；在那里，柏拉图说：只有哲学家才配得到王冠。施特劳斯终其一生，都不能原谅法西斯主义诞生于一个民主制度，而共产主义运动起源于民主的话语。

另一方面,施特劳斯又是自由民主制度坚定的捍卫者。他借用丘吉尔式的幽默说:"民主制度是最糟的制度,除了其他实行过的制度外。"他对美国的民主制度,尤其是宪政主义始终有一种偏爱。这同样是由其"反相对主义"的态度决定的。他曾经写道:"如果一切都是相对的,那么食人只是一个口味问题。"民主比专制要好,自由比奴役要好。更确切地说,专制比民主更坏,奴役比自由更坏。就是这么一个懒得啰嗦的道理。

正是因为施特劳斯对自由民主制度显示出一种矛盾的态度,在当下的"施特劳斯热"中,左右两派对施特劳斯的思想各取所需。左派指责施特劳斯一贯反动,其"哲学王"的精英主义思想恰好解释了布什政府对劳动人民的歧视。而右派们,突然发现自己原来还可以抱上哲学的粗腿,不免有些沾沾自喜:从施特劳斯的"反相对主义"中,他们找到了"邪恶轴心"理论的依据;从施特劳斯对民主之脆弱的忧虑中,他们找到了扩张民主的斗志。如果说施特劳斯的确和新保守主义者分享着什么的话,那就是对民主自由之脆弱的恐惧。

那么,哪一个施特劳斯更真实?那个蔑视民主自由的施特劳斯,还是那个捍卫民主自由的施特劳斯?又或者,是他对自由民主制度抱有一种矛盾态度,还是他所面对的自由民主制度本身就是一个悖论,而施特劳斯由于他的深邃、他的敏锐,和他对人类命运的叹息,诚实地展现了这个悲剧式的悖论?他对民主的警惕,与其说是对民主本身的反感,不如说是对其孕育的暴政的警惕。民主自由制度是如此之脆弱,如此之容易被诱惑,无法抗拒一种自我毁灭的重力。

正是施特劳斯对这个悲剧式悖论的凝视,将他与那些"新保守主义"的外交鹰派区别开来。新闻媒体对一个哲学家和一个政治家的撮合,并不能揉捏出一个新保守主义的"哲学王"。施特劳斯的思考,来自于他对暴政的警觉,和对经历过暴政的人的悲悯。他大约不曾想到,在他死去 30 年之后,这悲悯会变成一场战争的注脚。在新保守主义的光环下,施特劳斯名声大噪,然而,施特劳斯真的是获得了一份迟到的承认吗? 又或者,寂寞有两种:一种是寂寞中的寂寞,而另一种是热闹中的寂寞?

"美奸"克拉克

萨达姆被绞死了。可以想象,在很多人对此消息感到欢欣鼓舞的同时,也有很多人会深感不满:出于对"美帝国主义"的愤慨,或者仅仅出于对绞刑这种原始刑罚的反感,许多人感情的砝码在这一刻会向萨达姆倾斜。毫无疑问,拉姆兹·克拉克会是这"许多人"中的一个。

克拉克是萨达姆的辩护律师之一。萨达姆也拥有辩护律师这一点并不奇怪,奇怪的是这个律师竟然是美国志愿者,更奇怪的是,这个志愿者竟然是美国的前司法部长。一个前政府高官,跑去为一个敌军领袖辩护,套用我们中国人的说法,这就是一个不折不扣的"美奸"了。

克拉克,生于1927年,1960年代曾在约翰逊政府里担任司法部长。他在任期间,积极推动当时在美国风起云涌的民权运动,为解除南方的种族隔离政策,为《投票法案》和《民权法案》的通过,都做出了很大贡献。

但是,今天真正让克拉克成为名人的,绝不是他在60年代的老黄历,而是他多年以来持之以恒地发出左翼声音。他始终倾向于马克思主义的立场,创建了一个叫"国际行动中心"的组织,其主要成员和"工人世界党"基本重合。他积极反对两次海湾战争,并推动弹劾布什总统。克拉克的"反美立场",可以从他提供法律援助的"客户"名单看出来:伊拉克前总统萨达姆;南斯拉夫前总统米洛舍维奇;前纳粹集中营司令官里纳斯;1994 年卢旺达大屠杀主使者之一塔克卢提马那;前利比里亚独裁者泰勒;反伊战活动分子博利甘;印第安囚犯佩尔蒂尔;巴解组织……与他对这些"客户"的深切同情相比,他对美国政府的仇视可以说是"刻骨铭心"。在他看来,美国政府才应该为它发起的战争受到法律的制裁。

从克拉克的法律援助对象可以看出,这必然是一个充满争议的人物。有人称他为"战争狂和独裁者的知音",也有人称他为"弱者的代言人"。真相可能是,这两种说法都有其道理。

"美奸"克拉克总是站在"敌人"一边

克拉克为萨达姆的辩护，自然也笼罩在这种争议当中。不管我们是否同意他的政治立场，克拉克为萨达姆辩护的法理基础是合情合理的。在一次访谈中，他指出："一个美国人为一个被妖魔化的人的权利进行斗争，这才是所谓普世人权的印证。"他还说："不能因为你认为一个人很可恶，就剥夺他的辩护权。"换句话说，法律高于政治。正是基于这种观念，他批评伊拉克特别法庭实际上是一个旨在种族复仇的政治机构，而不是一个"独立、能干、公正的法庭"。在他看来，这个法庭本身就是"非法"的，因为它是美国的"非法入侵"的产物，人事安排、资金来源、审判宗旨都受美国的左右，所以，审判结果是不可能公正的。

11月5日的审判中，克拉克干脆当庭递给法官一个条子，称该审判是"对正义的嘲讽"，气得法官发飙，让他滚出去，并说他"从美国赶来嘲讽伊拉克人民"。

当然我们也可以说，当克拉克高举"法律高于政治"的旗帜时，他并不完全是用法律来对抗政治，而是用一种政治来对抗另一种政治——他自己在选择辩护对象时一以贯之的标准，就表现出了鲜明的政治立场。当克拉克在接受记者阿布拉姆斯的采访时明确表示他认为萨达姆"无辜"的时候，阿布拉姆斯反问道：为什么你每次谈起萨达姆的时候，你就使用无罪推定，但是一谈到美国，就使用有罪推定呢？阿布拉姆斯的这个反问，可以说一针见血地点出克拉克主张的要害：法律高于你的政治，但是服务于我的政治。

但是即使如此，以法治的名义为萨达姆争取一个公平的审判，仍然是一件好事。伊拉克法庭在审判萨达姆过程中的种种违规，比如很长时间不让萨达姆见律师,给辩护律师的调查设置种种障碍,审判人员显然的政治倾向等等,的确应当受到谴责。人权既然普世,就不应该区分敌我。爱国主义不应当成为一根棍子,拿来封住克拉克这样的"美奸"之口。

一个社会的法治精神会面临各种各种的考验,最大的考验,可能就是群情激愤之下的爱国主义。"9·11"之后的美国"爱国法案",曾经一度以"爱国反恐"的名义侵蚀公民权利,允许政府未经司法机关审查对特定公民进行秘密监视(sneak and peek),引起整个社会的激烈争论。好在整个政治体系的纠错机制及时启动,许多地区法庭宣布这些"秘密监视"的"爱国条款"违宪,有 8 个州和近 400 个城市通过自己的法令谴责"爱国法案"侵犯人权,民意调查也显示美国公民对"爱国法案"的支持连年下降。2006 年 3 月美国两院更新"爱国法案"时,只好顺应民意不再更新其中最有争议的部分,可以说是"法治精神"对"爱国主义"的一个胜利。

克拉克作为一个美国政府前高官,给敌对政权领袖辩护,可以说与狭义上的"爱国主义"背道而驰。但是,一个社会能否宽容那些视人权高于祖国的"奸细",是测验这个社会自由度的最好尺度。令克拉克欣慰的是,虽然他这个人一如既往地充满争议,但是美国社会还是包容了,甚至赞许他的存在。对他为萨达姆辩护这件事,用他自己的话来说,"在我的熟人朋友里,没有一个人批评我的做法,相反,我收到成百上千的陌生人来信,说他们感谢我站出来,说萨达姆应当有一个公正的审判"。

萨义德死了

2003 年 9 月 24 日,一个叫萨义德(Edward Said)的美国教授死了。

当天,在一个美国 BBS 上,有人写道:Humanity has suffered an irrecoverable loss with the death of Edward Said. (萨义德的死给人文精神带来了无法挽回的重创。)紧跟其后的一个人则写道:humanist my ass. The world is now a much better place. (人文精神个屁,没他这个世界更好。)互联网上这个微不足道并且转瞬即逝的小浪花,却精练地概括了萨义德在美国的处境:被爱,或者被恨,却很难找到一个似是而非的中间点。

萨义德是谁?

如果你仅仅去读萨义德生前所在的学校——美国哥伦比亚大学校长的悼词,你得出的印象是:这是一个才华横溢的文学教授,但也就是才华横溢的文学教授而已。这个悼词写道:"萨义德是一个杰出的知识分子,他献身于艺术和文学的研究。他的作品迫使我们这些西方人反思我们对其他文明的态度。"

英俊睿智的爱德华·萨伊德

这个如履薄冰的悼词,小心翼翼地绕开了萨义德一个"易燃易爆"的身份:美国最著名的支持巴勒斯坦的政治活动家。

对萨义德政治立场的沉默,不是一个偶然。这个沉默,是一个更大的沉默的碎屑而已。那个更大的沉默,就是美国政治和公共领域里对巴勒斯坦民族生存权的沉默。这个沉默,在以色列与美国政府和媒体的精心培育下,多年来,茁壮成长,不断扩张,将巴勒斯坦的声音逐渐挤出了话语的版图。

就是在这铺天盖地的沉默当中,萨义德一直坚持在说话。

他说:巴勒斯坦人是受害者的受害者,他们被迫偿还纳粹德国对犹太人的债务。

他说:为什么一个生于俄罗斯的犹太人可以千里迢迢地跑到耶路撒冷来定居,而一个生于耶路撒冷的阿拉伯人却无家可归,只能做约旦的难民?

他说:巴勒斯坦的斗争是整个解放和启蒙运动的一个分支而已。

从《巴勒斯坦问题》到《和平进程的终结》,到《剥夺的政治》,从 1970 年代,到 2003 年,他不停地说。喋喋不休地说。义愤填膺地说。孤鸿哀鸣地说。

1935 年生于耶路撒冷,长于开罗,萨义德 16 岁到美国,29 岁哈佛大学文学博士毕业,1963 年开始在美国的哥伦比亚大学任教,直到逝世。

他最重要的著作是 1978 年出版的《东方学》。通过对文化殖民主义和政治殖民主义之间关系的揭示,这本书影响了几代学者,并且开创了"后殖民主义研究"的先河。

萨义德本可以和许多著名的教授一样,在窗明几净的象牙塔里度过温文尔雅的一生。但是,他偏偏推开了象牙塔的门,选择和那些在黑暗中的人在一起。在一篇讨论萨特的文章,萨义德说:一个知识分子的真正使命,是做迫害和痛苦的见证人。

就是说,他选择了"双重生活":学术的生活和政治的生活。一个通向智慧与美,一个通向正义与爱。一个是小提琴的优雅,一个是鼓的激昂。就是在优雅和激昂之间,萨义德演奏了他的人生。

1977 年,萨义德加入巴勒斯坦民族委员会。1991 年,得知自己身患白血病之后,他悄悄从这个流放议会中辞了职,但仍然马不停蹄地为巴勒斯坦的民族权利奔走。1993 年奥斯陆协议签订之后,萨义德预测了这个协议的悲剧式结局。在他看来,这个既不承认巴勒斯坦难民权利、又不肯定巴勒斯坦领土主权的"凡尔赛条约"完全出卖了巴勒斯坦人。目睹了巴以分治导致的暴力恶性循环之后,萨义德在其最后的岁月里逐渐转向了"一国两族"的理念。

萨义德的存在,让我们看到美国政治生活中一个奇特的对垒:一面是以色列政府强大的外交手腕、犹太游说集团的政治势力、被犹太势力主导的美国各大媒体、完全一边倒的美国国会和政府,另一面则是萨义德,一个身患白血病的老头,一个文学教授,一个文学教授而已。

萨义德对巴勒斯坦人的同情,与其说是因为他对"阿拉伯世界"

的认同，不如说是因为他对正义的追随。他对当今阿拉伯世界的政治专制、对恐怖主义，甚至对腐败的阿拉法特政权，都深恶痛绝。但是这种厌恶，不是为了成就一个知识分子居高临下的优越感，而是对一切屏蔽启蒙之光的事物的鄙弃。正是借着同一束光，他看见那些流落在约旦、黎巴嫩无家可归的巴勒斯坦难民，那些被以色列的推土机推倒的房子，那些由于失学而在难民营狭窄的街道上虚度光阴的儿童，那些被剥夺了历史、也被剥夺了未来的绝望的脸，那些牲口一样被蒙上眼睛团团转的青年，那个家园沦落成牢笼的民族。

　　萨义德在美国公共领域的存在，好像一个莺歌燕舞的贵族舞会上，被门卫一不小心放进来的穷人，暴露了另一个世界的存在，那个更大然而更隐秘的地下世界的存在。这种暴露，对于这个贵族舞会，无异于一种蓄意的污染。萨义德在世时，很多人，尤其是美国犹太人中的右翼力量致力于"搞臭"萨义德。就在去年，一个叫"捍卫犹太人"的组织还号召哥伦比亚校方解雇萨义德这个"恐怖分子"。萨义德死后，像《华尔街日报》这样的大报，还刊登了一篇指责萨义德为"恐怖教授"的文章。

　　其实萨义德身上真正令他对手惊恐的，恰恰不是他的"恐怖主义"，而是他的"人文主义"。他通过学术努力，为一个文明恢复"人"的面孔；通过政治努力，表达一个被压迫民族的理性。当他通过人文主义而不是恐怖主义而斗争时，萨义德实际上成了以色列政府对一个种族、一个宗教、一个文明进行"形象谋杀"进程中的一个绊脚石。

　　萨义德生前写的最后一篇文章是一个音乐评论，关于贝多芬的晚期作品第九交响曲。这篇文章的标题取自尼采的名著"不合时宜的沉思"（untimely meditations）。这个标题似乎是对萨义德最后时光的隐喻：以色列政府在建造一堵巴以之间的隔离墙，然而与此同时，萨义德在梦想"一国两族"的和平方案——这个梦想多么"不合时宜"。然而，也许这正是萨义德一生的努力：在一个被沉默囚禁的社会里，做一个"不合时宜"的人。

为什么是他

　　2007 年美国总统选举大战刚开始打响的时候，我和朋友们讨论：如果你是美国公民，会给谁投票？我的朋友们分别选择了希拉里、希拉里、希拉里，我的选择在他们看来却非常异类：麦凯恩。

　　麦凯恩是谁？基本上朋友们的第一反应都是这个问题。当然，大家都知道麦凯恩是亚利桑那参议员、总统参选人、越战老兵以及"那个糟老头子"。但问题是，麦凯恩到底是谁？

　　当时麦凯恩还没有成为共和党的"黑马"，还没有成为"超级星期二"的明星，大家不了解麦凯恩不足为奇：他哪有希拉里、奥巴马、朱利安尼那么耀眼——希拉里是前总统夫人；奥巴马是第一个真正有竞选实力的黑人；朱利安尼，"美国的市长"……相比之下，麦凯恩身上的"明星"成分最少，像个早该退出历史舞台却迟迟不肯退出历史舞台的小角色，厚着脸皮在总统大选中跑龙套。

　　我最早注意到麦凯恩是 2002 年，当时美国的媒体都在讨论竞选筹款改革，讨论的焦点，是是否要清除竞选捐款中的"软钱"。"软钱"

▲ 麦凯恩虽有许多锐意改革记录，但因其年纪、种族、政党背景，人们总是把他和守旧僵硬联系在一起

▼ 因为麦凯恩坚持伊战、与布什政府联系紧密，难免屡遭恶搞

是指那些捐给政党而不是候选人、用于推销某个候选人的政策而不是直接推销候选人的捐款。这种"间接选举捐款"之所以引起争议，是因为人们认为它为利益集团操纵选举结果提供了良机，从而破坏了选举的公正性。当时，我注意到，积极反对软钱渗透选举、提出改革议案的，是一个叫做麦凯恩的参议员。

然后 2005 年我又注意到他。当年夏天由于纽约时报的"爆料"，关塔那摩的虐俘丑闻正让布什政府头疼不已。当时反虐俘最响亮的声音里，又有麦凯恩。他说：美国需要的不仅仅是军事上的胜利，而且是价值观上的胜利。事实上，他提倡"干脆关了关塔那摩监狱算了"。2005 年 10 月，参议院以压倒优势通过反对虐俘的法案，布什也不得不在该法案上签字。

2006 年，麦凯恩又在另一项"进步事业"上发出声音：倡导 earmark（"专项拨款"）改革，试图遏制议员在"游说集团"的影响下任意给自己的选区或利益集团"拉赞助"的行为。美国民主制度里面，虽然个人"中饱私囊"式的腐败并不多见，但是由于"游说"事业发达导致政治利益集团化的腐败却并不少见。比如，据统计，2007 年一年，希拉里给利益集团"拉钱"3.4 亿美元，奥巴马拉了 9000 多万，麦凯恩却分文未拉。作为一名资深议员，能够挣脱利益集团网络，在 earmark 改革中振臂高呼，可谓特立独行。

如此种种，我不禁把麦凯恩看作了一个"进步人士"。再去看他的其他记录：经济上，"里根派"；支持干细胞研究，同性恋婚姻，反对立宪禁止；非法移民问题，"非法移民也是上帝的孩子"……至于女性堕胎权问题，保守派早就回天无力了，忽略不计也罢。

当然麦凯恩最具争议的问题,就是他在伊战上的态度。到 2007 年,由于伊拉克形势陷入僵局,美国民众的撤军情绪可以说"一浪高过一浪"。希拉里及时地做了变色龙,一个"被误导了",就轻飘飘地从支持伊战变成了反对伊战。麦凯恩却冒天下之大不韪,号称"我宁愿自己输掉选举,也不愿美国输掉战争"。他不但反对撤军,还号召增兵,以"增兵浪潮来遏制恐怖势力"。对这个问题我是这样看的:是否支持发动伊战是一回事,是否支持在伊拉克一片狼藉的情况下拍屁股走人是另一码事,这就像是否应该打人是一码事,打了人之后是否应该给人送医院是另一码事。我可能反对发动伊战,但是我支持美国稳定局势后再撤军。后来的事实也证明,麦凯恩所倡导的增兵策略大大稳定了伊拉克局势,甚至有人认为,它是伊拉克局势的一个转折点。在这个问题上,我钦佩麦凯恩逆民意而动的勇气。

总之,我支持麦凯恩是因为:首先,他不但立场进步,而且是诸多进步法案的发起人,用老美的话说,充分展示了 leadership;其次,从 earmark 改革、伊战问题上来看,他没有因为谄媚选民而失去立场;第三,他"党性"很差,在关塔那摩、干细胞问题上,并不盲目服从自己的政党。

尽管美国民众有很多理由支持麦凯恩,但是 2007 年夏天他的选举却差点因为筹款问题土崩瓦解,对此我一点也不奇怪。民主选举最大的好处是通过对候选人的关注激发民众探讨公共政策,而民主选举最大的悲剧就是民众脱离对公共政策的关心,去讨论候选人的个人魅力、传奇经历、选举策略,比如:"希拉里那颗眼泪是不是真的"以及"奥巴马发动了很多美女在 Youtube 上做广告"。政治家长得帅不帅、在哪个大学拿的文凭、来自哪个家族、面孔是否"新鲜"并不会真正影响民众的生活，真正影响民众生活的，是他们在每一项公共政策上是否坚持理性。

当麦凯恩的选举几乎失败的时候，我的朋友玩笑说："你的麦凯恩不行了呀！"我则玩笑道："最重要的原因是他不够帅。"现在，麦凯恩在共和党里所向披靡，卷土重来，也许有很多原因，但是我希望其中一个，是人们已经开始意识到，民主选举不是选"明星"，而是选择公共生活的方式。

奥巴马的言与麦凯恩的行

2008 年 10 月 28 日，奥巴马站在密苏里州的圣路易斯市广场上，面对台下 10 万民众，对着话筒说：如此壮观的画面，我现在能想到的只有一个词——哇！

"哇"，的确是形容奥巴马现在状态的最确切词汇。在这个西方民众对民主越来越愤世嫉俗的时代里，十万人汇聚一堂来一睹一个政治家的芳颜，的确蔚为壮观。而这个人两年前还鲜有人知、四年前才刚当选参议员、1991 年才真正走出校园、童年颠沛流离，还是个黑人。

不过奥巴马可能已经对这样声势浩大的追捧习以为常了。一年多竞选下来，从东到西，从网络到现实，从欧洲到美国，这颗政治明星所到之处，处处引起尖叫欢呼。在一次新罕布什尔州的演讲中，台下成千上万的群众每隔几分钟就有节奏地振臂高呼：Obama! Obama! Obama! 其情景之狂热，就差人手一本红宝书了。

不明就里的人可能会问：这个人到底有什么丰功伟业啊？

说起来可能奇怪,奥巴马之所以受到如此追捧,可能恰恰是因为他谁都不是、什么都没做。正是因为他谁都不是、什么都没做,所以可以轻轻松松和华盛顿当前的权力集团划清界限,和美国现在的经济风暴和外交泥沼撇清关系,以一张清新的面孔出现,举着一块"改变"的大牌子,在美国四处出击。

　　当然也不能说他"什么也没做"。奥巴马说了很多,而且说得很动听,对于政治家来说,说就是做的一个重要部分。他说他要给95％的美国人减税,只给5％的有钱人加税;他说他要推广全民医疗制度;他说他要开发清洁能源,从而停止"向中国借钱,再把这个钱送给沙特阿拉伯去";他说他要从伊拉克撤军,和伊朗谈判劝说他们放弃核计划……总之,奥巴马世界非常地美轮美奂。而且奥巴马的演讲技艺高超,声情并茂,抑扬顿挫调节得炉火纯青,上一句高屋建瓴地讲到"伟大的美国梦想……"下一句则动情地说"我小时候出生在一个贫苦家庭……"这边饱怀同情地说"我知道你们眼睁睁地看着自己的养老金被金融风暴席卷而去……"那边则愤怒声讨"那些贪婪的石油公司 CEO……"难怪广大选民为他神魂颠倒。对批评他"光说没干"的指控,奥巴马反击道:"谁说言辞没有意义?'我有一个梦想',难道不是言辞吗?'除了恐惧本身,我们无可畏惧',难道不是言辞?"也对,政治家的一个重要功能,就是增强社会的凝聚力、唤起公民对未来的信心,所以能说会道本来就是一个政治家的天职。

　　相比之下,麦凯恩就是一个很糟糕的演讲家了。他在几次总统竞选辩论中,都显得啰里啰嗦,毫无生气,甚至有些语无伦次,对大多数问题的回答都是"我知道我可以做到——"。主持人问他为什么选佩林做搭档,他支吾半天只是绕着"佩林非常关心特殊需要的家庭"这个论点兜圈子。好吧,"关心特殊需要的家庭"的人也许可以成为一个好的社工志愿者,但离副总统还有一定差距吧。最后麦凯恩东拉西扯竟说道:"她先生也是一个很强干的人。"就算她先生是个很强干的人,但这和总统选举的关系是——?

其实相比奥巴马,麦凯恩倒是可以说政绩丰厚。奥巴马经常挂在嘴边的一句话是:"如果麦凯恩当选,那我们就不得不忍受布什的第三届政府了。"事实上,麦凯恩在很多关键问题上与布什政府大相径庭——他是共和党里的改革派,而不是保守派。是他推动了限制"软钱"的选举筹款改革,是他力图消除特殊游说集团在华盛顿的影响,是他推动反虐俘法案并主张关闭臭名昭著的关塔那摩监狱……在很多问题上,他能够跳出既得利益集团的堡垒,保持特立独行的姿态。这也是为什么不但民主党人,很多共和党人也对他不能认同的原因。

奥巴马的高歌雄进,不禁令人思考现代民主和演说煽情的关系。一方面,在现代社会庞大的官僚体系面前,民众都渴望魅力型领袖给国家机器一个人性化的"界面",所以善于煽情、令人激动的政治家往往是激活公共生活的一把钥匙。但另一方面,煽情又容易淹没人们对问题理性公正的思考。韦伯曾说:"与民众缺乏距离,是政治家最致命的邪恶之一。"——对,他说的是"缺乏距离",而不是"保持距离",因为一定的距离为冷静思考提供空间。一个政治家站在演讲台上,面临的不是一个个可以协商辩论的人,而是一片黑压压的"群众",群众的情绪不但具有传染性,而且会自我强化。当奥巴马用渐进的声调甩出一串串"Yes，we can change..."的排比句时,他不是在理论,而是在催眠,台下热血沸腾的群众恐怕也早已融化在集体的汪洋大海里,无心去条分缕析他的许诺、考察细节里的魔鬼了。

比如,奥巴马话语的核心之一就是他的"仇富修辞"。在他历次演讲和辩论中,我们都反反复复听到他提到"布什—麦凯恩只给那些最有钱的财富 500 强公司 CEO 们减税",而他自己的方案则是"给95％的美国人减税,只给顶层 5％的有钱人加税。"这个说法当然够煽情,但是后来很多评论员都指出,奥巴马怎么可能给 95％的美国人减收入税呢? 由于各种税收返还政策,美国底层 40％的民众本来就不交联邦收入税。奥巴马更不会向公众指出这个事实:美国 5％顶层收入者已经在支付美国联邦收入税的 60％左右(他们的收入比例是 37％),进一步加税很可能伤害创业环境,从而影响底层的就业机会。再说"布什只给华尔街 CEO 减税"这个流传甚广的说法,事实上布什的减税方案针对社会的各个阶层,从减税幅度上来说,对中下层的削减幅度比对上层还要大,但是大多奥巴马阵营的人不去计算减税的相对额度,而去宣传它的绝对额度,从而得出结论——美国的减税大多流向了顶层的有钱人。如果你本来只交 2 块钱的税,而我交 10 块钱的税,你减 50％减去 1 块,我减 30％减去 3 块,这么皆大欢喜的事,在奥巴马阵营就会变成"布什的减税 75％的好处都流向了精英阶层"。问题是你本来就只交 2 块钱的税,怎么给你减去3 块呢?

事实上奥巴马也知道即使再给那5％的精英加税,也不可能加多少,——虽然他已经许诺把这笔钱花在教育、能源、环境、养老、医疗……上面了,好像这棵摇钱树取之不尽用之不竭似的。这种让95％的美国人和5％的美国人对立起来的做法,与其说是真的旨在改善政府的财政赤字情况,不如说是一种用于动员选民的煽情修辞:看,那些有钱人! 不能便宜了他们!

当然不能说两个候选人输赢仅仅取决于他们的煽情能力。正如奥巴马所说:他领导的不仅仅是一场竞选,而是一场运动。麦凯恩落后于奥巴马六个百分点,可以归因于他们的煽情能力、风度气质、言谈举止,但归根结底还是在于他们的政策取向和背后的社会思潮。布什政府时期经济动荡、外交失利、民怨高涨,人们开始厌倦与共和党有关的一切。麦凯恩再代表共和党的改革势力,也将被当作澡盆里的孩子和污水一起倒掉。越来越多的人认识到,里根时代兴起的保守主义思潮,已经渐渐被布什政府耗尽,美国的新左翼时代即将到来。从这个意义上来说,奥巴马、麦凯恩的选举策略是什么也许已经不重要,重要的是他们坐在哪条船上,以及他们船底下的历史河流正流往哪个方向。

奥巴马会成为罗斯福第二吗？

"亲爱的总统，就像 3/4 个世纪之前的罗斯福，您在一个确定性消失的时刻就任了……"经济学家克鲁格曼最近给奥巴马写了一封情真意切的信，表达了他希望奥巴马能成为罗斯福第二的厚望。信中，克鲁格曼列举了所有奥巴马成为罗斯福第二"必须做"的事：暂时国有化银行、提高赤字创造就业、全民医保、强化劳工保护……岂止克鲁格曼，经济风暴中，无数美国人都期盼奥巴马能够挽狂澜于既倒，再现"20 世纪最伟大总统"的身姿。

历史的确给了奥巴马这个机遇。今天的美国的确与大萧条时期的美国有诸多相似之处：信贷危机、失业率攀升、贫富悬殊、人心惶惶……奥巴马的不幸在于他一上台就遇上这个烂摊子，但如果挑战也是机遇的话，那么这个不幸也可以成为他的"运气"。

问题在于，从罗斯福那里寻找今天经济危机的答案，会不会是刻舟求剑呢？抛除罗斯福总统某些有争议的政策不说，他那些公认的好政策今天是否还"灵"呢？比如罗斯福的"社会保障法案"。不错,该法案作为美国福利社会的基石,为美国战后中产阶级崛起和社会稳定作出巨大贡献,正是因此,克鲁格曼大力倡导"全民医保"改革,认为这可以成为奥巴马时代的社会保障法案。问题是,别忘了,罗斯福新政之初美国联邦政府的福利支出几乎是空白,而今天联邦政府的福利支出占联邦预算的50%以上。就是说,相比罗斯福时代,奥巴马政府进一步福利化的空间非常有限。一个运动员将百米赛跑的成绩从15秒提高到12秒可能不那么难,但是要从12秒提高到9秒,同样是3秒,却会异常艰辛。

再比如,罗斯福的"公平劳工法案"对促进社会公正起到了巨大推动作用,克鲁格曼因此力荐奥巴马政府在劳工政策上"老调重弹",重现工会的昨日辉煌。但,今天的美国已经不再是一个以无产阶级为主体的工业社会,今天的美国工人也不像上世纪初那样生活在水深火热当中,更重要的是,在一个经济全球化时代,过于强硬的工会已经伤害了美国某些产业的全球竞争力,进一步强化这些工会也许会暂时性地提高工人的工资,但是产业和企业衰退了,谁又给你发工资呢?

至于罗斯福政府那些不怎么伟大的措施,比如贸易保护主义,比如无度提高税收,今天去模仿它们更是不可想象。很多研究已经表明,这些政策不但没有缓解危机,反而延长了萧条。如果奥巴马像罗斯福那样把税率提高到79%,美国人民肯定跟他急。如果他再宣布美国人只买美国货、美国工作只让美国人干,那么世界人民就跟他急了。

奥巴马政府最可以模仿罗斯福政府的就是通过政府投资来创

造就业。当年的罗斯福政府工作项目管理局解决了500万个就业岗位，而奥巴马的经济刺激计划的核心也是通过财政支出创造300万—400万个就业机会。但即使这一点，也需小心谨慎。罗斯福当年主要靠高税收来支撑这些政府工程，而今天的奥巴马只能依靠赤字（别忘了他的上台口号之一是减税）。赤字是什么？赤字很大程度上不过是未来的税收而已。对此一个评论家写道："我们就是因为花那些不存在的钱而进入这个危机的，现在我们怎么会因为花同样不存在的钱而逃出这个危机呢？"

也许奥巴马的倒霉之处就在于，相比罗斯福时代，他要面对一个吹毛求疵得多的公民社会。当年罗斯福一个收音机演说就可以把美国人民感动得不去银行挤兑存款，而今天新任财长一句"中国在操纵人民币汇率"，却会引发无数媒体专家一拥而上群起攻之。在一个信息爆炸批评爆炸人们的权利意识和嘲讽精神也爆炸的时代，塑造一个英雄所需要的神秘感和庄严感已经不复存在。或许民众根本就不需要什么"英雄"，或许罗斯福本来也不是什么"英雄"，在一个每个人都可以平视当权者的时代，人们需要的是一个谨言慎行的总统，而不是历史的山巅上一个风衣飘飘的潇洒背影。奥巴马参观总统山时有人问："你能想象自己也被刻上这座山吗？"言下之意，你能想象自己和华盛顿、林肯等平起平坐吗？奥巴马总统谦虚地表示，我的耳朵太大了，而且山上那么多石头很硌人吧。我想他可真是一个聪明的总统。

告别布什:新保守主义的兴衰

最近美国总统布什又收获两记重拳。2008 年 5 月布什的前新闻助理 Scott McClellan 出了一本书《到底发生了什么:在白宫和华盛顿欺骗文化的内部》,指控布什政府长期运转操控一个"宣传机器",在伊战问题上误导民众。6 月最高法院在 Boumediene v. Bush 判决中裁定,被关押在关塔那摩的外籍恐怖分子嫌疑人有权在美国民事法庭提出申诉,这等于司法机构直接朝布什政府扇了一个耳光。很多人预测,"9·11"以来布什政府苦心经营的关塔那摩监狱已经来日无多了。

当然,中国有句古话叫"死猪不怕开水烫"。这两记重拳,对于每天被媒体"群殴"、头像都被商家印到厕所手纸上的布什来说,可能也不算什么,不过是每天收到的无数臭鸡蛋里面的两枚而已。事实上,2003 年以来,随着民众逐渐对伊战失去耐心,布什政府在民主党、媒体、民间团体和公众面前已经在节节后退,只有招架之心却无还手之力了。

▲ 伊战久战不决让布什的声望一落千丈。图中文字："玩
火柴的小男孩酿成熊熊烈火"，火上文字："伊拉克"

▼ 车上文字："新保守主义"。新保守主义在西方媒体上
已经成了"好战"的代名词

人 物 篇

布什政府恐怕是美国历史上被妖魔化最严重的一届政府。图中文字："美国最愚蠢的罪犯们。"左为副总统切尼，中间为布什，右为前国防部长拉姆斯菲尔德

最明显的就是布什的"领导班子"所遭受的重重打击。Donald Rumsfeld，他手下在任 6 年的国防部长，伊战的主要推动者之一，2006 年中期选举民主党获胜之后，面对民众对布什政府的声讨压力，不得不以辞职来为共和党挽救声誉。Paul Wolfwitz，2001—2005 年的副国防部长，被很多媒体称为"伊战设计师"的幕后人物，2005 年 6 月刚被布什政府任命为世界银行行长，干了不到两年，仅仅因为在世行工作的女朋友升职问题而被赶下了台，虽然有评论认为这是政治报复，他还是不得不黯然离去。Alberto Gonzales，布什手下的司法部长，因为解雇几个手下的律师程序可疑，2007 年 8 月不得不辞职以息民愤。Lweis Libby，副总统切尼的"前办公室主

任",因为抖露了一个中情局工作人员的姓名而被判坐牢两年半,由于总统的特赦才免于坐牢,但是政治前途毁于一旦,律师执照也被取消。Harriet Miers,布什总统的白宫助理之一,2005 年 10 月曾被布什提名为新的最高法院大法官候选人,结果舆论抗议,布什不得不很快收回提名。最令布什痛心的恐怕是 Karl Rove 的离去。Karl Rove 是布什的主要政治顾问,被认为是布什两次当选总统的最关键人物之一,布什当选总统之后长期担当白宫战略办公室主任、政治事务主任和公共关系主任。就是这样一个和布什"肝胆相照"的"铁哥们",2007 年 8 月也不得不因为与上述"律师解雇案"和"中情局人员泄密案"有关联而辞职。堂堂美国一个总统,号称世界上最有权力的人,却只能看着自己的"哥们"一个个纷纷落马而无能为力。

也许在很多夜深人静之时,小布什会觉得委屈,他可能打破脑袋也想不通:为什么我这么多年为美国的安全日夜操劳,美国人民,哦,不,世界人民都在翘首以待我滚蛋呢?

说起来布什的确有些惨。"9·11"之后他的支持率曾高达90%,现在却徘徊在 30%,据说是有民意调查以来美国总统支持率的谷底。8 年前若是知道自己会得到"史上最低支持率"这份"殊荣",不知道还会不会热火朝天地参选总统呢?

"倒霉"的核心事件,当然是伊战。一个网民写道:"如果伊战成功了,布什很可能作为美国最伟大的总统之一载入史册,因为这不仅仅是一场战争的胜利,也是开创了一个全新的国际关系、国际政治模式。"可惜,伊战失败了,至少到目前为止,美国既没有找到大规模杀伤性武器,也没有建成一个国泰民安的伊拉克。

不过，当人们因为伊战的失败而纷纷声讨布什时，有一点却常常被忽略了：发动伊战不仅仅是布什政府的"杰作"——不但美国国会批准了伊战，而且伊战发动之后，布什的支持率曾一度从50％蹿到了75％。就是说，75％的民众当时都支持那场战争。如果你反对伊战的话，你可以说伊战的发动是美国民主失败的一个表现，但却不能说它是总统独裁的表现。

　　当然，当所有人现在都可以装作自己与伊战毫无关系时，只有一个倒霉蛋不能"逃离沉船"，那就是布什。希拉里可以轻松地说一句"我被误导了"从此摆脱干系，普通民众更可以如法炮制，甚至连布什阵营内部的人，都可以说："布什政府大大低估了战争的难度，根本没有准备充分合理的战争策略去应对这场战争。"意思是，就算布什政府不能算作邪恶，也够笨的了。

　　Richard Perle 就是一个例子，这个里根政府的助理国防部长，布什政府的国防委员会成员，一个被称为"黑暗王子"的鹰派外交人物，曾经力主伊战，2006 年接受采访时却说："如果早知道会是这个样子，我当时会建议还是考虑别的策略吧。"另一个曾经力主伊战的外交家 Kenneth Adelman，现在接受采访时说："布什的决策班子是二战以后最无能的一个团队。"被视为"输出民主"倡导者的知识分子、《历史的终结》作者福山，现在也站出来说：其实，我与伊战的思想渊源一点关系也没有啊，我向来是主张政治制度变迁建立在经济基础之上，而不是贸然"移植民主"。

　　然而，所有这些人，包括那 75％ 的曾经支持伊战的民众，都是"无辜"的吗？就算"大规模杀伤性武器"信息上是"被误导"了，对

"先发制人的战争"这个理念的支持,却不因信息对错而改变。就是说,问题不仅仅在于"大规模杀伤性武器"的情报是否正确,而且在于即使它是正确的,它是否能够作为发动一场"先发制人的战争"的理由? 在这个世界上有大规模杀伤性武器的专制国家不是一个两个,难道都要一一去武力入侵?"对于这个问题,也许人们5年之后的"马后炮"之见是否定的,但对于大多数美国人来说,这不是他们当年的回答。

但是从另一个方面来说,所有这些曾经支持伊战的人,难道又都是"有罪"的? 且不说他们大多在信息上被"误导",就是对"先发制人的战争"、"军事移植民主"这些理念的支持,我们就能用今天"马后炮"之见去要求"9·11"之后、伊战之前的美国人吗?

让我们回到"9·11"之后,伊战之前。

当时的美国,被很多人定性为一个"新保守主义"的美国。由于"新保守主义"这个词汇和布什政府、伊战紧密联系在一起,现在在媒体、学术等公共领域,几乎已经成了"过街老鼠,人人喊打"的用语。然而最初,它其实只是一场知识分子运动,起源于1960年代,里根时代慢慢渗透到决策圈,到小布什时代才在政府中站稳脚跟。核心人物包括一批犹太裔的、由自由左翼转向保守右翼的"纽约客":Irving Kristol, William Kristol, Nathan Glazer, Irving Howe, Robert Kagan, Richard Perle, Kenneth Adelman 等等。与左翼常常以大学为"阵地"不同,右翼"新保守主义者"的"阵地"则是一些智囊机构和杂志,比如 American Enterprise Institute, Hudson Institute 等机构和 National Review, the Weekly Standard, the New

Republic, Commentary 等杂志。在某种意义上,可以说左翼更多地走的是"发动群众"的"下层路线",而右翼的"新保守主义者"走的则是影响决策的"上层路线"。

新保守主义,如果说有一个核心主张,那就是"以强硬意志来推行自由民主",用一个时评家的话来说,就是"军事主义和道德主义的联姻"。有趣的是,"新保守主义"和"新自由主义"这两个看上去似乎应该截然对立的概念,在今天的意识形态领域,指的却是同一套观念体系,主张的都是自由的拓展,只不过"新保守主义"更侧重政治、外交、文化领域,而"新自由主义"更注重经济领域。

新保守主义思潮在"9·11"前后到达顶峰并不奇怪。冷战的终结至少从三个方面推波助澜了新保守主义,首先是里根的军备竞赛的确拖垮了苏联,从而使美国外交决策圈里鹰派人物信心大增,相信强硬手段是捍卫美国地位和利益的必然方式。其次是前苏东政权在一两年之内豆腐渣工程般哗哗倒塌,令美国人看到专制政权的"空心性",从而相信任何专制政权都是不堪一击的。最后一个方面是伴随着冷战终结而兴起的"第三波民主",它势不可挡地席卷了南欧、拉美、东亚、东欧,令西方世界对民主化产生了极端乐观的情绪,无论政界、媒体还是知识界,都有一种思维,认为民主制度具有一种"万有引力",任何倒塌的专制制度会天然地向它回归。这种外交鹰派思维、对专制制度弹性的低估、对民主转型轻松度的高估,加起来,就为"军事主义和道德主义的联姻"提供了一个完美的平台。而"9·11"的发生,则再为这种新保守主义思维打了一针兴奋剂,它明确了敌人——"恐怖分子"和"流氓政权",激起了美国人的安全焦虑,还唤起了美国人的爱国热情,将"道德主义"和"军事主义"都推到了顶峰。

所以问题不在于"大规模杀伤性武器"的情报是否正确,而在于对一个军事情报的分析方式:即使是一个错误的情报,在一个温和的氛围下,本来也可以做保守的分析和审慎的反应,从而避免一场鲁莽的战争。但是新保守主义的影响加上"9·11"激发的爱国热情,使得布什政府乃至很多议员、媒体、民众不可能以一个温和审慎的方式来诠释一个模糊情报,他们"只看到他们想看到的",从而选择了伊战。伊战的起因与其说是布什及其身边一小撮"坏蛋"刻意欺骗民众,不如说是在一个模棱两可的信息面前,时代背景和政治氛围使得布什政府选择了鹰派的诠释方式,导致了冒险主义的战争策略。如果说信息错误本身应当由情报人员负责,对情报的选择性分析应当由布什及其智囊团负责,但推动这种"选择性分析视角"的却不是一个人、一小撮人,而在某种意义上来说,是一代人。

所以说"新保守主义"外交战略的失败,不仅仅是一小撮政客的道德失败,而是人类进入一个完全陌生的历史时期之后一次新的政治探险的失败。这个历史时期之所以陌生,就在于它是现代化以来人类第一次走出"意识形态"斗争的战场,左右之争当然存在,而且会永远存在,但冷战结束之后,这种斗争大部分都是在"市场经济+自由民主"的基本公共生活框架之内,用福山的话来说,人类已经失去了"他途"。19世纪末,尼采宣布"上帝死了"。在某种意义上,20世纪末,"上帝"又死了一次,只不过这次死的不再是那个基督教会的上帝,而是启蒙运动造就的那个"理性主义"的上帝。

在这个全新历史时期的政治实验,就是"以强力推行自由民主",就是"军事主义和道德主义的联姻"。具有反讽性的是,"资本主义"对"斯大林主义"的胜利,据说是"自然秩序"对"人为秩序"的胜利,而新保守主义者用军事手段去推行自由目的,用"人为方式"去推行"自然秩序",用激进去奠基保守,就如同"方的圆"意义一样,存在内在的矛盾。"军事主义"和"道德主义"联姻之所以失败,也许从根本上来说,正是因为这个内在的悖论。

就是说,新保守主义者所犯的错误,正好和刚刚被他们击败的意识形态对手一样:高估政治对于改造社会、改造人性的功效。众所周知,政治就像一个社会的方向盘,一切公共福利的改善,在一定意义上都必须从政治开始。新保守主义者们正是因为认识到了这一点,所以才急于去"拔苗助长"地改造"落后的政治体系"。然而匆忙之间被遗忘的一点是:"方向盘"对于"驾驶安全"的作用是有限度的。一个司机再善于把握方向,如果碰到恶劣的天气、垮掉的道路、交通规则的缺失、横冲直撞的行人,也不可能把车开好。而政治的"限度",就在于它会遭遇错综复杂的历史、落后的经济水平、分裂的社会结构、对立的族群认同……政治实验永远不可能在一个无菌无毒的真空环境里发生。

在新保守主义者所有的"盲目乐观"里,有一项是代价最惨重的,就是对国家整合的假定。民主作为一种政治制度,终究要装进国家这个"容器"里,所以国家的整合是民主的前提。这种"国家的整合",既包括民众对这个国家基本的认同和忠诚,也包括政府有基本的能力维持秩序和实施政令。没有这两个要素,就不可能形成有效的政治制度，更谈不上在"好的政治制度"和"坏的政治制度"之间进行选择。学者亨廷顿曾经在1960年代提出，对于一个国家来说，"统治的程度"比"统治的方式"更重要，今天对照着伊拉克的经验来看，这话更加发人深省。

国民的国家认同和政府的治理能力这两个因素，是不能被"假定"的。萨达姆被推翻之后，新保守主义的决策者们惊奇地发现，一个坏的情形除了可能变好之外，竟然还可以变得更糟。在政治当中，具有万有引力的，不是民主，而是无政府状态。萨达姆的垮台固然迎来了"民主"，但是在很大程度上也摧毁了国家的整合。一方面，伊拉克爆发出来的民族、教派、地方矛盾削弱了伊拉克人的国家认同，另一方面军阀的林立使得中央政府到处政令不通。教派的军阀化，军阀的议会化，构成了伊拉克民主的现实。美国人兴冲冲地给伊拉克献上了"民主之花"，却发现在这里找不到可以插上这株花的"花瓶"。

其实国家整合的缺失阻碍了民主进程也不是没有先例。冷战之后，波黑地区的一片混战就对此做了最好的说明。但是冷战西方的胜利、专制政府的不堪一击，加上风起云涌的第三波民主，让美国政府、甚至普通民众在胜利的快感中忽略了这些"不和谐音符"。很多人指责美国政府当初"根本没有为这场战争做好充分的准备"，今天看来，这种"缺乏准备"里最显然的，就是美国政府没有充分预见到伊拉克这种教派军阀化的局面。比如一个记者 George Packer 的调查指出，当初五角大楼在备战时，还以为到2003年夏末，占领伊拉克的13万美国士兵大部分都可以遣返，只需要25000个士兵留守就行了。事实是，为了维持伊拉克的基本秩序，到 2007 年美国的伊拉克驻军有增无减，已经高达 15 万，可见今天的现实和 2003 年布什政府的预计有多么不同。但是从另一个方面来说，当时的美国国会甚至美国媒体、民众就预见到了这种国家整合垮台的局面吗？当初的各种反战声音里，有反对"先发制人的战争"这个理念的，有质疑"大规模杀伤性武器"这个论据的，有抗议战争本身的不人道和非人性的，有追问战争的经济代价的，有反对美国"霸权主义"的，但是在伊拉克的战后形势展开之前，有几个预见到教派军阀化会成为重建伊拉克最大的障碍呢？

几年之后，伊战"设计师"之一的 Richard Perle 说："我们考虑到了会有所失望，但没想到现在的情况却是绝望。"美国人以为伊拉克会成为另一个日本、另一个德国，在战后美国的帮助下走向民主、和平和富强。倘若如此，如那个网友所说，布什确实会青史留名了。可惜，伊拉克不是日本或德国，它既没有战后德国的赎罪意识，又充满了日本、德国所没有的种族教派裂痕，"解放"不是把他们提升到了自由民主的乐土里，而是推向了霍布斯所描述的"狼群社会"。

新保守主义的另一个盲点，就是轻视人对"身份认同"的需要，这个需要是如此强烈，它往往可以——至少暂时地阻截人对"普世价值"的拥抱。一个有目共睹的现象是，近年来反战的声音总是和声势更浩大的反美、反全球化、反资本主义甚至反现代化的声音联系在一起。这并不奇怪，如果说西方在冷战中的胜利推动了新保守主义的崛起，这种崛起很快在 21 世纪初目睹了一个如影随形的左翼回潮，而反战则给了所有这些左翼的声音一颗最有力的"弹药"。从这个意义上来说,伊战不仅仅是一个军事外交上的冒险,而且是一个文化上的象征性事件:很多人,尤其是穆斯林教徒,将它视为西方新的"十字军东征"的开端。"异端们"已经为全球化的文化后果而焦虑了,通过军事手段来传播文化价值则更令人惶恐。当新保守主义者"一声炮响",给落后国家送去"普世价值"的时候,人们不禁会问:也许全球化、市场化、现代化、民主化都是好东西,但是,如果"我"变成了"你",那么,"我"是谁呢?

正是对社会结构、文化条件、经济水平、身份认同这些因素的忽略,使新保守主义的实验成为乌托邦主义的一种。如果说空想社会主义使人类得到一个左翼乌托邦的教训,新保守主义实验则是人类得到了一个右翼乌托邦的教训。当然好在由于美国政治制度中的纠错机制,这场激进实验很快就扭转了回来,其代价比起斯大林主义带来的灾难,只能说是九牛一毛。2000 年我去美国的时候,正是新保守主义者意气风发开始掌权的时候,而 2007 年我离开美国时,布什政府却是在伊拉克伤亡记录的每日刷新中垂头丧气焦头烂额,成为大街小巷的一个笑料。用 Kenneth Adelman 的话说,新保守主义已经元气大伤,在一代人之内不可能卷土重来。现在布什总统已经"众叛亲离",成了给"新保守主义"这个理念站岗的最后一个人,即便是他,很快也要在全世界的欢呼声中"下岗"了。

但是从另一个角度来说,对新保守主义的反思却也不能矫枉过正。值得反思的是它的"军事主义"的手段,而不是它"道德主义"的目的。新保守主义兴起的认识论根源,据说是对道德相对主义的反抗。被视为新保守主义思想鼻祖的列奥·施特劳斯说过:"如果道德是相对的,那么食人只是口味问题。"今天的世界,仍然面对这个"道德相对主义"的危险,各种专制政府仍然在用"文化相对主义"的旗帜为其专制辩护。"新保守主义"外交政策的教训是用武力改造世界的得不偿失性,而不是扬善避恶的不可能性。只是保守主义者今天必须接受的是,与武力相比,经济发展、文化交流或哪怕政治遏制都是更有效的"输出民主"方式。最重要的是,"榜样"的力量是无穷的,民主国家如果自己能够发展得蒸蒸日上,那么就没有什么力量能够阻挡它的光芒。政治是有限度的,但政治不是无用的。

从这个意义上来说,也许布什政府不是一届成功的政府,但布什时代却是一个意义重大的时代。它的重大意义在于见证了一场"新保守主义"的激进冒险,目睹了它的兴盛和失败。这个失败却不是无意义的,至少它在一个崭新时代,为我们勘探了政治的边界,再次提醒了人类激进主义——无论来自右翼左翼的危险。失败也许是布什的,教训却是属于人类的。现在我们又多知道了一个政治暗礁的位置,又为看到自己的无知而变得智慧了一点点。

后　记

这本书是我过去几年给一些期刊报纸写的专栏文章结集，其中主要是给《南方人物周刊》的文章。在此感谢《南方人物周刊》给我提供的机会，尤其感谢施雨华编辑的耐心与支持。还要感谢罗永浩先生，把我介绍给上海三联，让这本书有机会集结成册。当然也要谢谢上海三联书店和彭毅文为这本书付出的努力。

我写这些文章的"主导思想"，与其说是某种政治理念，不如说是对一种缺乏精确性的议政方式的反感。多年来我们花了如此之多的时间去判断"西方制度"的好坏，以至于我们都没有时间去了解它到底是什么。比如我们喜欢笼而统之地谈论"美式自由主义"并且以这个概念为分界线来站队，但是这个概念到底所指是什么呢？指美国缺乏福利制度？指美国没有劳工保护？指政府对企业缺乏管制？如果这个宏大的帽子底下其实空无一人呢？批判一个概念很容易，你只需要把它定义得邪恶一点就行，就像要骂一个人丑很容易，把他画丑一点就行。但是指出这个概念和现实的具体关系却没有那么容易,因为它要求你深入细节,回到事实本身。就是说,你得论证你画出来的这个人的确就是站在身边的这个人。

所以写这个系列的专栏文章时,我尽量讲故事,找数据,把"美国的民主"这样一个概念性的东西拆解成点点滴滴的事件、政策和人物去描述,所以这本书叫《民主的细节》。

就是说,在这本书里,我在刻意地做一件很"笨"的事情:写生,尤其给那些显而易见却又常常被忽略不计的事情写生。知识分子的乐趣很大程度上在于发掘和勘探,所以很多人宁愿去寻找墙缝里的秘密宝藏,而不愿去指出"屋子里的大象",而这本书就是关于"屋子里的大象"。我觉得与其从卢梭从罗尔斯从柏拉图那里去寻找民主的含义,不如从身边的地铁票价、税表、药品广告里寻找它。或者说,至少要在地铁票价、税表、药品广告里找到它之后,再把它带到卢梭罗尔斯柏拉图那里去"解卦"。相比"写意式"议政,写生这件事情有点没劲,它要求耐心甚于才华,抑制抒情,远离发掘宝藏的兴奋感。但我始终认为,很多时候我们对一个事物的判断不同,往往不是因为价值观或者智力的差异,而仅仅是因为对事实的掌握不同。如果我们都有更多的耐心去寻找去阅读事实,很多观念冲突甚至政治冲突都会缓解。

当然一个人观察事实的视角肯定受到观念的制约,我不能说我没有或者不企图去传达自己的政治理念。事实上我很可能是一个可以被贴上"自由主义"标签的人。但对"自由"这个字眼,我并没有一种热血沸腾的激情,"自由"——多平常的一件事啊,人饿了就会想吃饭,困了就会想睡觉,同理有意见了就会想说话,工作不开心了就想换工作，这些需求如此自然，以至于我对人类要为它奋斗千年而感到吃惊，更为"自由"这个字眼生生被政治家和知识分子们给逼成了一种"主义"感到离奇。

相比自由，民主则可能是一个更可疑的事物。如此可疑，以至于谈论它的坏处已经变得比谈论它的好处更容易，至少谈论它的坏处比谈论它的好处更容易获得智力上的满足。比如，我们常常听说民主可能引起"多数暴政"，民主的动员机制可能导致社会动荡和分裂，它还可能因为再分配冲动而影响经济效率……那么，让我们重复一遍丘吉尔的那句名言：民主是最差的一种政治制度，除了所有那些其他被实验过的政治制度之外。好吧，再重复一遍：民主是最差的一种政治制度，除了所有那些其它被实验过的政治制度之外。我希望这本书给读者传达的就是这样一个信息，民主——即使是美国的民主——也有种种问题，它鼓励政治的利益集团化，它培育民粹主义的话语，在经济衰退时它显露反自由的面目，但作为政治制衡的一种方式，它在降低当权者的专断性、促进社会公正和福利、塑造人的公共责任和意识方面仍然有不可替代的作用。更重要的是，美国政治的特色从来不是民主的最大化，而恰恰是民主与自由、平民主义和精英主义之间的博弈。从这个意义上来说，民主之于政治，就像是盐之于烹饪，太多并不好，但少了也不行。

我在美国的七年，基本与小布什的当政期间吻合。而布什当政的这八年，恰好是美国政治转型的一个阶段，确切地说，是美国政治中的新保守主义由盛到衰的过渡。这一点从本书中的篇目也可以大致看出。《愤青的下场》大约写于2003年，那时候还是新保守主义如日中天之际，到 2008 年写《告别布什》时，新保守主义基本已经成了过街老鼠。对布什政府，我有比美国大多数左翼知识分子更多的同情，这并不是因为我赞成他的所有政策，而是因为他的很多错误，有其历史必然性。新保守主义内政外交政策的兴起，与其说是布什等一小撮反动派的阴谋得逞，不如说是一场社会运动和思潮的开花结果。站在一个"大历史"的角度来看，在很大程度上是对冷战时代的一个反弹。有意思的是，在美国社会越来越左倾激进的这七年里，我自己反而越来越右倾保守，这一点本书的各种细节中也会有所显露。我想这可能跟我自己的研究方向有关。我的博士论文写的是革命史问题，可以想象，这些年里，一边读着惊心动魄的左翼残酷政治运动史，一边欣赏自己身边左翼思潮的东山再起，确实不是一件很容易的事。有时候我会想：这些娇生惯养的西方知识分子哪懂什么叫迫害什么叫极权，但另一些时候，我提醒自己——正像我提醒自己的读者那样——不要让你的意识形态干预你的理性，尤其是不要让它局限你在知识上的视野。

从这个角度来说，这本书也许可以给读者提供一些启迪，也许只是提供一个反面教材而已。我当然希望它能改变一些人对民主自由的看法，但更重要的是，我希望它能激起一些人把政治作为柴米油盐、衣食住行来观察的兴趣。我想比一个人的政治立场更重要的，是他抵达一个立场的方式。

图书在版编目（CIP）数据

民主的细节：美国当代政治观察随笔（修订版）/刘瑜著. —上海：上海三联书店，2011.10（2024.7 重印）

ISBN 978 - 7 - 5426 - 3620 - 1

Ⅰ.①民…　Ⅱ.①刘…　Ⅲ.①政治－美国－文集

Ⅳ.①D771.2 - 53

中国版本图书馆 CIP 数据核字（2011）第 153570 号

民主的细节：美国当代政治观察随笔（修订版）

著　　者／刘　瑜

责任编辑／彭毅文

装帧设计／江　湖

监　　制／姚　军

责任校对／张大伟

出版发行／上海三联书店

　　　　　　（200041）中国上海市静安区威海路 755 号 30 楼

邮　　箱／sdxsanlian@sina.com

联系电话／编辑部：021 - 22895517

　　　　　　发行部：021 - 22895559

印　　刷／上海展强印刷有限公司

版　　次／2011 年 10 月第 1 版

印　　次／2024 年 7 月第 20 次印刷

开　　本／890mm×1240mm　1/32

字　　数／230 千字

印　　张／10.75

书　　号／ISBN 978 - 7 - 5426 - 3620 - 1/D·184

定　　价／49.00 元

敬启读者，如发现本书有印装质量问题，请与印刷厂联系 021 - 66366565